세상에서 가장 재미있는 **영어 퀴즈쇼 3**

세상에서 가장 재미있는 영어 퀴즈쇼 III

1판 1쇄 인쇄 2010년 2월 11일
1판 1쇄 발행 2010년 2월 22일

지은이 이충훈

발행인 양원석
편집장 박덕희
책임편집 이미정
전산편집 김미선
영업마케팅 정도준, 김성룡, 백준, 박래은, 백창민

펴낸곳 랜덤하우스코리아㈜
주소 서울시 강남구 삼성동 159 오크우드 호텔 별관 B2
편집문의 02-3466-8800
구입문의 02-3466-8955
홈페이지 www.dobedobe.com
등록 2004년 1월 15일 제 2-3726호

ⓒ 이충훈, 2010

ISBN 978-89-255-3489-3 (14740)
　　　978-89-255-3451-0 (14740) SET

*이 책은 랜덤하우스코리아㈜가 저작권자와의 계약에 따라 발행한 것이므로
　본사의 서면 허락 없이는 어떠한 형태나 수단으로도 이 책의 내용을 이용하지 못합니다.
*두앤비컨텐츠는 랜덤하우스코리아㈜의 어학 전문 브랜드입니다.
*잘못된 책은 구입하신 서점에서 바꾸어 드립니다.
*책값은 뒤표지에 있습니다.

세상에서 가장 재미있는 영어 퀴즈쇼 3

이충훈 지음

QUIZ SHOW

두앤비컨텐츠

머리말

영어를 잘 하기 위해서는 어떻게 공부해야 할까요?

대부분의 사람들은 문법 하나만 파고들면서 영어를 잘하길 원하고, 어떤 사람은 슬랭만 열심히 외워서 영어를 잘하길 원하고, 어떤 사람은 회화표현들만 열심히 외우면서 영어를 잘하길 원하고 있죠. 하지만 이들 중 어느 하나에 집중을 둔 학습이 아닌 여러 가지 영역을 골고루 학습해야 제대로 된 효과를 얻을 수 있습니다.

이 책 〈세상에서 가장 재미있는 영어퀴즈쇼〉 시리즈는 각 권마다 4가지 학습 영역에 해당하는 쉬운 문장들을 퀴즈 형식으로 풀어보면서 영어를 쉽고 간단하게 익힐 수 있도록 구성되어 있습니다. 3권의 경우 〈필수 문법 업그레이드 - 자연스러운 말하기를 위한 슬랭표현 - 시험 및 회화에 활용도 높은 콜로케이션 - 영어의 질을 높여주는 격언〉이라는 4가지 학습 영역을 기준으로, 회화에 반드시 필요한 필수 문장들을 퀴즈 형식으로 가볍게 풀어볼 수 있도록 구성되어 있습니다. 학습자들은 굳이 머리 싸매고 공부를 하지 않아도, 쉽고 자연스럽게 표현들을 학습하면서 영어정복을 위한 기초를 탄탄하게 쌓으실 수 있는 것이죠. 또한 이렇게 학습한 문장들을 Speak! Speak! 코너를 통해 직접 적어보고, 또한 대화문으로 어떻게 사용할 수 있는지 연습해 볼 수 있도록 되어있어, 문장학습에 그치는 것이 아니라 대화학습으로까지 그 영역을 넓혀 주고 있습니다.

이 책을 통해 여러분들은 문법 및 슬랭, 콜로케이션, 격언 등 영어라는 언어를 구성하는 세부 영역들을 전반적이며 단계적으로 학습함으로써, 자신도 모르게 어느 순간 영어라는 언어의 기초가 탄탄해 지는 경험을 하실 수 있을 거라고 생각합니다.

끝으로 정말 좋은 책을 집필할 수 있도록 기회를 주신 박덕희 팀장님과 이미정 대리님께 감사하다는 말씀을 드립니다. 마지막으로, 저의 영원한 집필 동반자인 사랑하는 아내와 한국과 호주에서 저의 성공을 염원해 주시는 아버지와 어머니, 동생 하나, 그리고 장모님과 가족들에게 진심으로 고맙고 사랑한다는 말을 전합니다.

자, 이제 〈세상에서 가장 재미있는 영어퀴즈쇼〉와 함께 영어회화를 잘하기 위해 반드시 필요한 필수 기본 지식들을 채워나가는 즐겁고 유익한 여행을 시작해 봅시다!

2010년 봄, 저자 이충훈

이 책의 구성과 특징

이 책은 여러분의 영어실력을 체크함과 동시에, 알면서도 틀리는 문법과 어휘, 회화 표현을 퀴즈형식으로 제시하여, 간편하고 재미있게 자신의 부족한 부분을 보완할 수 있는 새로운 형식의 영어책입니다. 총 500개의 퀴즈가 3개의 레벨로 나뉘어 난이도별로 구성되어 있으며, 한 회의 퀴즈당 14~16문제가 아래의 4개 영역에서 골고루 섞여서 출제되어 전반적인 영어실력을 향상시킬 수 있습니다.

★ 필수 문법 업그레이드!
회화하려고 문법책 샀다고?
이미 알고 있던 문법만으로도 충분하다!

★ 자연스러운 말하기를 위한 슬랭표현
드라마나 영화의 반도 못 알아 듣겠다고?
그들이 쓰는 일상어는 사실 따로 있다!

★ 시험 및 회화에 활용도 높은 콜로케이션
결합된 단어의 힘! 한 개씩 외우지 말고
의미 별로 통째로 외워라!

★ 영어의 질을 높여주는 격언
고리타분한 격언이라는 생각은 오해!
잘 외워두면 감칠맛 나는 영어회화가 가능하다!

이 책은요!

각 레벨은 다음 4개 영역의 내용들을 골고루 포함한 Quiz로 구성되어 있습니다.

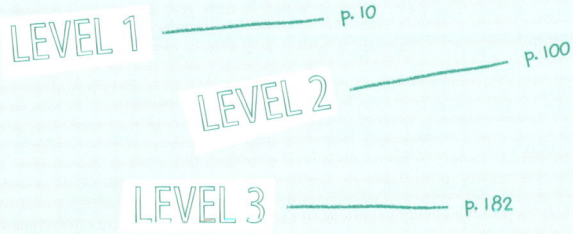

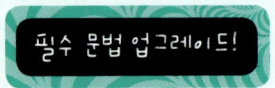

필수 문법 업그레이드!

동사의 종류 | 조동사 | 주어와의 수 일치 | 시제 | 능동태, 수동태 | 가정법 | to부정사 | 동명사 | 분사 | 명사와 관사 | 대명사 | 형용사와 부사 | 전치사 | 접속사 | 비교급 | 어순 | 명사절 | 형용사절 | 부사절 | 도치

자연스러운 말하기를 위한 슬랭표현

Korean soju really has a kick to it. | I'm on the road three days a week. | I really had a ball at his party. | My ex-boyfriend was such an airhead. | It was a fender-bender. | Get a life! | Word up. | Scoot over. | The Beyonce look is all the rage. | My husband is the apple of my eye. | You're a little bitchy today. | You can't change places at the eleventh hour. | No PDA in the hallways! | It was so cheesy. | I don't smoke weed. | The patient is out of the woods. | Shut your pie hole! | You should see a shrink. | Is that a hickey on your neck? | Your sister is all that. | I have to get my forty winks now. | Let's go out and catch some rays. | I'm outta here. | I got a five-finger discount on this ring. | My boyfriend farts a lot in his sleep. | You look so fly in that suit. | I heart this music. | I saw him in his birthday suit. | They're having a bash tonight with lots of food. | I got a zit right on the tip of my nose. | It's no biggie. | The movie was a smash hit. | I'm so psyched about the party. | Jessica only goes out with jocks. | He's gonna puke. | Stop eyeballing me. | I nuked some popcorn and watched 〈Prison Break〉 | There's no booze at this party tonight. | The company will foot the bill. | My boyfriend makes peanuts at his day job. | How do I get rid of these love handles? | Tom and I just vegged out on Friday night. | He stuffed his face with pancakes and syrup. | Who doesn't want to boogie all night long? | Your new bag is phat! | She's gonna be my boo. | Don't try to do a snow job on me. | I'm unfriending you. | Dating your best friend's girlfriend is a hairy situation. | Yo, chill. | Keep your hair on. | What's your beef with me? | We need to xerox your passport. | I feel like kicking back with a good movie. | He makes over two hundred grand a year. | I'm afraid she might OD on weight loss pills. | He acts like an ass. | I stepped on dog crap. | I was bushed after two days of late nights. | Let's hit Burger King. | I totally spaced out. | I think I had one too many. | I just got that sucker to buy me a diamond ring. | He was a total basket case after the accident. | James doesn't have many friends because he's so dorky. | I'm going to marry Jim because he's loaded. | I was stoned that night. | You're thick as shit. | It took a lot of guts coming in here. | Jack is pigheaded because he leaves no room for compromise. | It's a drag watching 〈Home Alone〉 on Christmas eve. | I decked him when he called me an airhead. | I don't wear sunnies when talking to people. | When I heard the news, I went bonkers. | Why do men love reading dirty magazines? | You should pick a college that fits like a wig. | A bimbo is a woman who is blonde and stupid. | I bought a Beemer when I got a driver's license. | My old clunker doesn't start anymore. | It's a turn-off when a guy is skinner than me. | If he finds out, he'll go ballistic.

시험 및 회화에 활용도 높은 콜로케이션

Can you brew me a cup of coffee? | She works as a real estate agent. | Make a right at the next light. | Why do you take the subway to work? | Take this medicine and get some rest. | Susan is a perfect fit for the position. | It seems like a tall order. | This technology is way beyond cutting edge. | Can I take a wild guess? | Can you give me up a wake-up call at 7 tomorrow morning? | You always have some lame excuse. | Are there any job openings at the library? | I got a flat tire on the highway yesterday. | You can take a seat here. | Do you usually work the night shift? | You won't be able to catch the 12:00 flight. | I made a mistake on my tax return. | What time did you set the alarm for? | Can you give me a lift to the airport? | She might have developed a disease. | There's no parking space on the street. | I've lost my appetite. | I requested a seat with plenty of leg room. | Is this a motion sickness patch? | How long can you really hold your breath for? | Can I place an order now? | Can I ask you a quick question? | Nobody broke the silence in the room. | Let's take a lunch break. | My working hours are from 9:00 a.m. to 6:00 p.m. | We should run a test on the machine tonight. | There's a price tag on the shirt. | The audience gave him a standing ovation. | Please dial 0 to get an outside line. | Stop making excuses for your Internet marketing failures. | Jack plans to take 4 courses during the semester. | What's the speed limit on Highway 102? | I'm still suffering from jet lag. | Do you prefer a window seat or an aisle seat? | We're going to throw him a farewell party. | That story always gives me goose bumps. | How many times have you received a scholarship? | We're going to address the issue at the proper time. | When will my visa be issued? | How many of you have student loans to pay off? | They are forecasting heavy rain for the next two days. | This bird is drawing the curiosity of the visitors. | I received a discount on my membership fees. | My father has got a chronic addiction to gambling. | Are you ready to deliver your verdict? | You can't see the tumor with the naked eye. | Don't change things without prior notice. | Don't forget to cast your vote on November 17th. | Do not miss this opportunity to talk to experts. | You should weigh the consequences of pregnancy. | What's the expiration date of the coupon? | Most writers don't make a living writing books. | I want you to mow the lawn. | Your name is not on the waiting list. | There's a generation gap between me and my sister. | Please come to the circulation desk to sign up for a library card. | How much is the delivery charge for online grocery shopping? | Don't forget to apply moisturizer before going to bed. | Why are you trying to change the subject? | You can't leave until you reach an agreement. | There will be a major flu epidemic this coming fall. | The committee will hold a meeting at least twice a year. | This is one of the best tourist attractions in Italy. | The residents took the initiative to conserve water. | I hope I didn't cause you too much inconvenience. | I'm just reading the classified section. | Please tell me what your price range is. | Do you know how to operate this machine? | The bottom line is that I don't trust you. | If you think you can or you can't, you're right. | That's what I call a shopping spree. | What can help her boost her immune system? | I must say that she's got great business sense. | I agree that violence should be a last resort. | Please contact me if you have any further questions. | We have solid evidence that he is a con artist. | The literacy rate among males in Nigeria is only 10 percent. | It's suitable for everyone because it doesn't have any side effects.

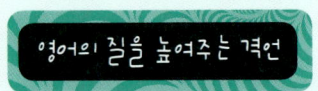

A hungry man is not a free man. | People do not lack strength, they lack will. | Speech is silver, silence is golden. | A full belly is the mother of all evil. | Television is chewing gum for the eyes. | Failure is a detour not a dead-end street. | Love makes time pass; time makes love pass. | The real effort never betrays me. | There is always a better way. | Reality is wrong. Dreams are for real. | Envy and wrath shorten your life. | In your dreams and love there are no impossibilities. | By doubting we come at truth. | Today is the first day of the rest of your life. | Pain is temporary. Quitting lasts forever. | A broken hand works, but not a broken heart. | All's fair in love and war. | There's only one happiness in life: to love and be loved. | Think of all the beauty still left around you and be happy. | All things are difficult before they are easy. | Dreams are today's answers to tomorrow's questions. | Vision is the art of seeing the invisible. | The hardest work is to go idle. | Never let your memories be greater than your past. | Rules were made to be broken. | Treat your friends like family, and your family like friends. | The word "impossible" is not in my dictionary. | Success is never a destination - it is a journey. | The only way to have a friend is to be one. | To marry is to halve your rights and double your duties. | A ship is safe in harbor, but that's not what ships are for. | I find the harder I work, the more luck I have. | The more you sweat in peace, the less you bleed in war. | Common sense is the collection of prejudices acquired by age 18. | Nothing is more despicable than respect based on fear. | History is more or less bunk. | Perhaps the worst sin in the life is knowing right and not doing it. | I'd rather die like a man than live like a coward. | Government of the people, by the people, for the people. | He who does not hope to win has already lost. | When you play, play hard ; when you work, don't play at all. | The greater the obstacle, the more glory in overcoming it. | Well done is better than well said. | The future depends on what we do in the present. | Every man dies, but not every man lives. | He makes no friend who never made a foe. | A friend in power is a friend lost. | Courage is very important. Like a muscle, it is strengthened by use. | To know is nothing at all; to imagine is everything. | As long as you're going to think anyway, think big. | If fate hands you a lemon, try to make lemonade. | Love builds bridges where there are none. | The secret of business is to know something that nobody else knows. | Better the last smile than the first laughter. | Experience is simply the name we give our mistakes. | A smile can open a heart quicker than a key can open a door. | Think like a man of action, act like a man of thought. | It's hard to beat a person who never gives up. | Every man's life is a fairy tale written by God's finger. | Where there is no vision, the people will perish. | Better to bow than to break. | Act as if it were impossible to fail. | Time is a great teacher, but unfortunately it kills all its pupils.

QUIZ SHOW
LEVEL 01

LEVEL 01

Quiz 01

LEVEL 01
QUIZ 01

1. He _____ in the morning.
- [ ] (a) sleeps
- [ ] (b) sleeping

2. We can complete _____.
- [ ] (a) today the work
- [ ] (b) the work today

3. Korean soju really has a _____ to it.
- [ ] (a) gang
- [ ] (b) kick

4. Can you _____ me a cup of coffee?
- [ ] (a) stew
- [ ] (b) brew

ANSWER 1-4

(a) : 그는 아침에 잠을 자요. 동사는 목적어를 필요로 하지 않는 자동사와 목적어를 필요로 하는 타동사로 나뉩니다. 본 문장에서 빈칸은 동사 자리로 자동사인 sleep(3인칭일 때 sleeps)이 들어가야 하지요. 자동사는 목적어가 없어도 그 의미가 완전하답니다.

(b) : 우리 오늘 그 일을 완료할 수 있어. 문장의 기본 어순은 '주어 + 동사~'입니다. 이때 동사가 자동사일 경우는 목적어가 필요없지만, 타동사일 경우는 반드시 동사의 대상인 목적어를 필요로 하지요. complete(~을 완료하다)는 타동사이기 때문에 완료의 대상인 the work가 목적어로 와야 합니다.

(b) : 한국 소주는 정말 독해. kick은 무언가 굉장히 '강한 효과'를 뜻합니다. 즉, 술이 kick을 가지고 있다는 것은 그 술이 굉장히 독하다는 뜻이 되는 거죠.

(b) : 커피 좀 끓여 주실 수 있으세요? 빈칸 뒤 명사 a cup of coffee와 어울려 쓰일 수 있는 동사는 '끓이다'란 뜻을 가진 동사 brew입니다. brew a cup of coffee는 '커피를 끓이다'란 뜻이 되지요. 반면 stew는 '(고기 등을) 약한 불로 끓이다'란 뜻의 동사랍니다.

LEVEL 01
QUIZ 01

5. Jane _____ a few years ago.
- (a) graduated college
- (b) graduated from college

6. Did you _____ his email?
- (a) reply
- (b) reply to

7. I'm on the _____ three days a week.
- (a) road
- (b) path

8. She works as a real _____ agent.
- (a) estate
- (b) territory

ANSWER 5-8

(b) : 제인은 몇 년 전에 대학을 졸업했어. 위에서도 확인했듯이 타동사는 반드시 뒤에 목적어가 와야 하지만, 자동사는 목적어가 필요없습니다. 단, 자동사 뒤에 목적어가 위치해야 한다면 반드시 적절한 전치사가 둘 사이에 위치해 주어야 하지요.
cf) graduate(졸업하다) → graduate from(~를 졸업하다)

(b) : 그의 이메일에 답장해줬니? 동사 reply는 자동사로, 뒤에 목적어가 오기 위해서는 중간에 전치사 to가 와야 합니다.
cf) reply(응답하다) → reply to(~에 응답하다)

(a) : 전 일주일에 세 번은 집을 떠나 있어요. on the road는 '여행 중인, 집을 떠나 있는'이란 뜻입니다. 말 그대로 차를 타고 집을 떠나 길 위를 달리며 여행 중이라는 것을 함축하고 있는 표현이지요.

(a) : 그녀는 부동산 중개인으로 일해요. 빈칸 앞의 형용사 real과 어울리며 문맥상 적절한 보기는 estate입니다. real estate은 '부동산'이란 뜻으로, real estate agent는 '부동산 중개인'이 되지요.

LEVEL 01
QUIZ 01

9. You should _____ as soon as possible.
- (a) contact him
- (b) contact to him

10. He didn't _____ my question.
- (a) answer to
- (b) answer

11. _____ a right at the next light.
- (a) Turn
- (b) Make

12. I really had a _____ at his party.
- (a) ball
- (b) roll

ANSWER 9-12

(a) : 넌 가능한 빨리 그에게 연락을 취해야 해. contact는 '~에게 연락하다'란 뜻의 타동사이므로 전치사가 뒤에 위치하지 않고 바로 목적어가 와야 하지요. 이처럼, 자동사처럼 보이지만 실은 타동사이기 때문에 목적어가 동사 뒤에 바로 위치할 수 있는 동사들에는 marry(~와 결혼하다)/enter(~에 들어가다)/explain(~에 대해 설명하다) 등이 있습니다.

(b) : 그는 내 질문에 답하지 않았어요. 동사 answer는 타동사입니다. 즉, 뒤에 목적어를 필요로 하는 동사로 '~에게 대답하다'란 뜻입니다. 즉, 본 문장에서 동사 answer와 목적어 my question 사이에 전치사 to는 필요가 없는 거죠.

(b) : 다음 신호에서 우회전 하세요. 문맥상 '우회전하다'라는 말이 들어가야 합니다. 오른쪽을 뜻하는 명사 a right를 목적어로 받을 수 있는 동사는 make입니다. make a right은 '우회전하다'란 뜻이죠. 반면 turn이 정답이 되기 위해서는 관사 a가 없이 right이 부사로 와야 합니다. cf) Turn right now.(당장 오른쪽으로 도세요.)

(a) : 난 그의 파티에서 정말 즐거운 시간을 보냈어. ball은 슬랭으로 '즐거운 시간'이란 뜻이 있습니다. 즉, have a ball은 '즐거운 시간을 보내다'란 뜻이 되는 거죠.

LEVEL 01 QUIZ 01

13. Jackson showed _____.
- ☐ (a) the movie me
- ☐ (b) me the movie

14. I sent _____.
- ☐ (a) a Christmas gift him
- ☐ (b) him a Christmas gift.

15. My ex-boyfriend was such an _____.
- ☐ (a) airhead
- ☐ (b) allegory

16. A _____ man is not a free man.
- ☐ (a) hungry
- ☐ (b) ugly

ANSWER 13-16

(b) : 잭슨이 내게 그 영화를 보여줬어요.   show는 4형식 동사 중 하나로 '동사 + 간접목적어(~을, ~를) + 직접목적어(~에게)' 혹은 '동사 + 직접목적어 + 전치사 + 간접목적어'의 어순을 취해야 합니다. 위 문장은 문맥상 '영화를 나에게' 보여준 것이기 때문에 showed me the movie 혹은 showed the movie to me가 정답이 되어야 하죠.

(b) : 난 그에게 크리스마스 선물을 보냈어요.   동사 send는 4형식 동사로 목적어 두 개를 필요로 합니다. 이때 어순은 '~에게'에 해당하는 간접목적어(him)가 '~을'에 해당하는 직접목적어(a Christmas gift)보다 먼저 나와야 하므로 정답은 (b)가 되는 거죠.

(a) : 전 남자친구는 정말 머리가 나빴어.   airhead는 '머리가 나쁜 사람'을 뜻하는 슬랭입니다. 머리에 두뇌가 없이 비어서 공기(air)만 꽉 찬 사람이라는 표현이지요. '바보'란 의미로는 idiot이란 단어 역시 많이 쓰이니 같이 기억해 두세요.

(a) : 배고픈 사람은 자유롭지 못하다.   사람은 배가 고프면, 끼니를 때울 돈을 벌기 위해 하루 종일 고생하면서 일할 수 밖에 없습니다. 즉, 이들은 결코 자유롭게 살지 못하고, 돈의 노예가 되어 살 수 밖에 없는 거죠.

배운 문장들을 대화문으로 다시 한 번 말해봐요!

아래의 한글로 된 문장들이 영문으로 기억나세요? 앞에서 다 배웠던 문장입니다.
빈 칸에 영문을 직접 적어보고 대화문을 연습해 보세요.

1
A John is a night owl.
존은 야행성이야.

B Yeah, _____, and works at night.
응, 그는 아침에 잠을 자고 밤에 일을 해.

2
A _____.
우린 오늘 그 일을 완료할 수 있어.

B Yeah, we can pull this off.
그래, 우린 해낼 수 있어.

Humor

Q : Why do witches ride on brooms?
A : Because vacuum cleaners are too heavy!

Q : 왜 마녀들은 빗자루를 타고 다닐까요?
A : 왜냐면 진공청소기는 너무 무거우니까요!

3

A _____.
한국 소주는 정말 독해.

B I know. It's really strong.
나도 알아. 정말로 강하지.

4

A _____.
제인은 몇 년 전에 대학을 졸업했어.

B Really? What does she do now?
정말? 그럼 걔 지금은 뭐 하니?

5

A What does Amy do for a living?
에이미는 직업이 뭐에요?

B _____.
그녀는 부동산 중개인으로 일해요.

6

A Jack was looking for you. _____.
잭이 널 찾고 있었어. 넌 가능한 빨리 그에게 연락을 취해야 해.

B Why? Is something wrong?
왜? 뭐가 잘못됐니?

7

A _____.
다음 신호에서 우회전 하세요.

B Okay. Are we almost there yet?
알았어요. 우리 거의 다 온 건가요?

8
- **A** Did you have fun at Jake's party?
  너 제이크의 파티에서 즐겁게 놀았니?
- **B** It was awesome! _____.
  끝내줬어! 난 그의 파티에서 정말 즐거운 시간을 보냈어.

9
- **A** _____.
  난 그에게 크리스마스 선물을 보냈어요.
- **B** Already? What gift did you send him?
  벌써? 그에게 무슨 선물을 보냈어?

10
- **A** _____.
  전 남자친구는 정말 머리가 나빴어.
- **B** So was my ex-boyfriend.
  내 전 남자친구도 그랬어.

ANSWER

1 he sleeps in the morning | 2. We can complete the work today | 3. Korean soju really has a kick to it. | 4. Jane graduated from college a few years ago | 5. She works as a real estate agent | 6. You should contact him as soon as possible | 7. Make a right at the next light | 8. I really had a ball at his party | 9. I sent him a Christmas gift | 10. My ex-boyfriend was such an airhead

LEVEL 01
Quiz 02

LEVEL 01
QUIZ 02

1. I always give _____ to work.
- [ ] (a) him a ride
- [ ] (b) a ride him

2. Many people call _____.
- [ ] (a) America the land of opportunity
- [ ] (b) the land of opportunity America

3. It was a _____. No one was hurt.
- [ ] (a) itsy-bitsy
- [ ] (b) fender-bender

4. People do not lack strength, they lack _____.
- [ ] (a) power
- [ ] (b) will

ANSWER 1-4

(a) : 난 항상 그를 회사에 태워다 줘. 동사 give(주다)는 4형식 동사로 두 개의 목적어를 취합니다. 이때 어순은 '동사 + 간접목적어(~에게) + 직접목적어(~을)'가 되지요. give someone a ride는 '~를 태워주다'란 의미로 외워 두시기 바랍니다.

(a) : 많은 사람들이 미국을 기회의 땅이라고 불러요. call은 5형식 동사 중 하나로 5형식 문장을 만들 때 '동사 + 목적어 + 목적격보어'의 어순을 취해야 합니다. 이 때, 해석은 '~를 ~라고 부르다'가 되죠. 문맥상 '미국을 기회의 땅(the land of opportunity)이라고 부르다'라는 의미가 되어야 하므로, 보기 (a)가 정답이 됩니다.

(b) : 가벼운 사고였어. 아무도 다치지 않았지. fender-bender는 '가벼운 사고'를 의미하는 속어입니다. 빈칸 뒤에 이어지는 No one was hurt.(아무도 다치지 않았어.)에서 정답을 유추할 수 있지요. 반면, itsy-bitsy는 옷이나 가방 등의 크기가 굉장히 '작은'이란 뜻으로 사용되지요. cf) Itsy-bitsy spider(아주 작은 거미)

(b) : 사람들에게 부족한 건 힘이 아니라 의지다. 아무리 힘(Strength)이 세고 강한 사람이라 할지라도 그 사람에게 의지(will)가 없다면, 그가 이룰 수 있는 것은 많지 않을 겁니다. 성공을 위해 진정 필요한 것은 육체적 강함이 아니라, 넘어져도 포기하지 않고 밀어붙이는 강인한 의지력일 것입니다.

LEVEL 01
QUIZ 02

5. Wear this jacket and keep _____.
- ☐ (a) warm yourself
- ☐ (b) yourself warm

6. He asked _____.
- ☐ (a) quiet be me
- ☐ (b) me to be quiet

7. Why do you _____ the subway to work?
- ☐ (a) take
- ☐ (b) hold

8. You guys are losers. Get a _____!
- ☐ (a) life
- ☐ (b) live

ANSWER 5-8

(b) : 이 재킷을 입고 몸을 따뜻하게 유지하세요. 동사 keep은 5형식문장을 만드는 동사로 사용될 수 있습니다. 5형식 문장은 '동사 + 목적어 + 목적격보어'를 취하는데, 본 문장에서는 형용사 warm(따뜻한)이 목적격보어 자리에 와서 '~를(목적어) ~하게(목적격보어) 유지하다'란 뜻이 만들어지는 거죠.

(b) : 그는 내게 조용히 해달라고 부탁했어요. 동사 ask는 '~에게 할 것을 요청하다'란 뜻의 5형식 문장의 동사로 사용될 수 있습니다. 이 때 어순은 '동사 + 목적어 + 목적격보어'가 되는데, 목적격보어는 반드시 to부정사의 형태를 취해야 합니다. 본 문장에서 목적어는 me, 목적격보어는 to be quiet이 되는 거죠.

(a) : 넌 왜 지하철을 타고 출근하니? 빈칸 뒤의 명사 subway(전철)와 어울려 사용될 수 있는 동사는 보기 중 take입니다. take는 take the subway/take a bus/take a taxi처럼 교통수단을 취하는 동사로 사용되지요.

(a) : 너희들은 찌질이들이야. 정신들 차려! Get a life!는 상대방에게 '정신들 차례'란 의미로 사용할 수 있는 표현입니다. 즉, 이상한 짓 하지 말고 삶(life)을 직시하여 행동을 하란 표현이지요. 뉘앙스 상 귀찮게 하지 말고 꺼져버리라는 뜻도 함축하고 있는 표현입니다.

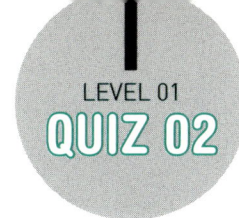

9

I want _____.
- [ ] (a) you to open the window
- [ ] (b) you open the window

10

We expect _____.
- [ ] (a) him pass the test
- [ ] (b) him to pass the test

11

_____ up. You're absolutely right.
- [ ] (a) Word
- [ ] (b) Vocabulary

12

_____ this medicine and get some rest.
- [ ] (a) Eat
- [ ] (b) Take

ANSWER 9-12

(a) : 난 네가 창문을 열길 원해. 동사 want는 '~가 하기를 원하다'란 뜻의 5형식 문장의 동사로 사용될 수 있습니다. 이 때 목적격보어는 반드시 to부정사의 형태를 취해야 하지요. 즉, 본 문장에서 목적어는 you, 목적격보어는 to open the window 입니다.

(b) : 저희는 그가 시험을 통과할 것을 기대합니다. 동사 expect는 '~가 할 것을 기대하다'란 뜻의 5형식 문장의 동사로 사용될 수 있습니다. 이 때 목적격보어는 반드시 to부정사의 형태를 취해야 하므로 본 문장에서는 목적어는 him, 목적격보어는 to pass the test입니다.

(a) : 맞아. 네 말이 완전 맞아. Word up은 상대방의 말이 옳다고 동감할 때 사용하는 슬랭 중 하나입니다. 전치사 up을 빼고 말하기도 하지요. 단, 본 표현은 주로 흑인들 위주로 많이 사용되는 슬랭이니 그냥 알아만 두는 것이 좋습니다. 드라마 등에서 많이 접할 수 있죠.

(b) : 이 약을 먹고 좀 쉬어요. 빈칸 뒤의 명사 medicine(약)과 어울려 쓰이는 동사는 take입니다. 물론 해석은 '먹다'가 되어야 하지만, '약은 먹는 걸 넘어서 복용해야 하는 즉, 건강을 위해 취해야 하는 대상이므로 동사 eat을 사용해서는 안됩니다.

LEVEL 01
QUIZ 02

13. My mom made _____.
- (a) Tom to go home
- (b) Tom go home

14. I finally had _____.
- (a) her to pay rent
- (b) her pay rent

15. Speech is silver, silence is _____.
- (a) bronze
- (b) golden

16. Susan is a perfect _____ for the position.
- (a) fit
- (b) case

ANSWER 13-16

(b) : 우리 엄마가 톰을 집에 가게 만들었어. 동사 make는 '~가 하게 만들다'란 뜻의 5형식 문장의 동사로 사용될 수 있습니다. 이 때 목적격보어는 반드시 동사원형의 형태를 취해야 하지요. 즉, 본 문장에서 목적어는 Tom, 목적격보어는 go home입니다.

(b) : 난 마침내 그녀가 집세를 내게 만들었다. 동사 have는 '~가 하게 시키다'란 뜻의 5형식 문장의 동사로 사용될 수 있습니다. 이 때 목적격보어는 반드시 동사원형의 형태를 취해야 하지요. 즉, 본 문장에서 목적어는 her, 목적격보어는 pay rent가 됩니다.

(b) : 웅변은 은이요, 침묵은 금이다. 은(silver)은 금(golden)보다 그 가치가 떨어지죠. 즉, 말을 하는 것 보다는 침묵이 더 값질 때가 있다는 명언입니다. 요즘같이 말 한마디 잘못하면 한 방에 훅~가는 시대에 더욱 더 마음 속에 새겨놔야 할 명언인 듯 하네요.

(a) : 수잔은 그 자리에 딱 맞는 사람이에요. 문맥상 빈칸은 그 일자리에 '적합한 사람'이란 뜻이 되어야 합니다. 빈칸 앞의 형용사 perfect와 어울려 그러한 문장을 만드는 명사는 바로 fit이죠. case는 '사건, 상황'을 뜻하므로 어울리지 않습니다.

아래의 한글로 된 문장들이 영문으로 기억나세요? 앞에서 다 배웠던 문장입니다.
빈 칸에 영문을 직접 적어보고 대화문을 연습해 보세요.

1
A Are you guys car-pooling?
너희들 카풀 하는 거니?

B Yes, _____.
응, 내가 항상 그를 회사에 태워다 줘.

2
A _____. No one was hurt.
가벼운 사고였어. 아무도 다치지 않았지.

B Oh, what a relief!
아, 정말 다행이다.

Humor

Q : Why does the letter "T" like an island?
A : Because it is in the middle of wa"T"er!

Q : 왜 T라는 글자는 섬을 좋아할까요?
A : 왜냐면 섬은 바다 중앙에 있으니까요!

3
- **A** _____ .
  사람들에게 부족한 건 힘이 아니라 의지야.
- **B** Yeah, especially young people these days.
  응, 특히 요즘 젊은 사람들이 그렇지.

4
- **A** _____ .
  이 재킷을 입고 몸을 따뜻하게 유지하세요.
- **B** Thank you. It's really cold in here.
  고마워요. 여긴 정말로 춥네요.

5
- **A** _____ ?
  넌 왜 지하철을 타고 출근하니?
- **B** Because I don't have a car.
  왜냐면 난 차가 없으니까.

6
- **A** You guys are losers. _____ !
  너희들은 찌질이들이야. 정신들 차려!
- **B** What? Did you call us losers?
  뭐? 너 우릴 찌질이들이라고 불렀냐?

7
- **A** _____ .
  네가 창문을 열어줬음 좋겠는데.
- **B** At your service.
  그렇게 할게.

8

A ⟨2012⟩ is the best disaster movie ever made.
⟨2012⟩는 지금까지 만들어진 것 중 최고의 재난영화야.

B _____!
동감이야!

9

A _____.
우리 엄마가 톰을 집에 가도록 했어.

B Why? She doesn't like him?
왜? 걔 좋아하지 않으시니?

10

A _____.
수잔은 그 자리에 딱 맞는 사람이에요.

B What makes you think so?
왜 그렇게 생각하시는데요?

ANSWER

1. I always give him a ride to work | 2. It was a fender-bender | 3. People do not lack strength, they lack will | 4. Wear this jacket and keep yourself warm | 5. Why do you take the subway to work | 6. Get a life | 7. I want you to open the window | 8. Word up | 9. My mom made Tom go home | 10. Susan is a perfect fit for the position

LEVEL 01
Quiz 03

LEVEL 01
QUIZ 03

1. I'll let _____.
- (a) you use my car
- (b) you to use my car

2. I felt _____ in my stomach.
- (a) something move
- (b) something to move

3. It seems like a _____ order.
- (a) tall
- (b) wide

4. Scoot _____, will you?
- (a) over
- (b) under

ANSWER 1-4

(a) : 내 자동차를 쓰도록 해줄게. 동사 let은 '~가 하도록 하다'란 뜻의 5형식 동사로 사용될 수 있습니다. 이 때 목적격보어는 반드시 동사원형의 형태를 취해야 하지요. 즉, 본 문장에서 목적어는 you, 목적격보어는 use my car가 됩니다. 사역동사 have/let/make는 모두 동사원형을 목적격보어로 취합니다.

(a) : 무언가가 배에서 움직이는 걸 느꼈어. 지각동사중 하나인 feel은 '~가 하는 것을 느끼다'란 뜻의 5형식 동사로 사용될 수 있습니다. 이 때 목적격보어는 동사원형 혹은 현재분사동사-ing)가 올 수 있지요. 보기 중 정답은 (a)입니다.

(a) : 그건 무리한 요구처럼 보이는군요. 빈칸 뒤의 명사 order(명령, 주문)과 어울리는 형용사는 tall(터무니없는, 엄청난)입니다. tall order는 '무리한 요구, 터무니없는 요구'란 뜻이죠.

(a) : 옆으로 좀 좁혀 앉아줄래? scoot over는 좁은 공간에서 이미 자리를 차지하고 있는 상대방에게 좀 옆으로 비켜 달라고 말할 때 사용할 수 있는 표현입니다. 좀 더 정중히 Can you scoot over, please?라고도 할 수 있겠죠.

LESSON 01
QUIZ 03

I heard _____ on the bathroom door.
- (a) Jack knocking
- (b) Jack to knock

The Beyonce look is all the _____.
- (a) rage
- (b) cage

This technology is way beyond cutting _____.
- (a) verge
- (b) edge

A full _____ is the mother of all evil.
- (a) belly
- (b) hand

ANSWER 5-8

(a) : 잭이 화장실 문을 두드리는 걸 들었어요. 지각동사중 하나인 hear는 '~가 하는 것을 듣다'란 뜻의 5형식 문장의 동사로 사용될 수 있습니다. 이 때 목적격보어는 동사원형 혹은 현재분사동사-ing)가 올 수 있으므로 정답은 (a)가 됩니다.

(a) : 비욘세 스타일이 완전 대유행이야. all the rage는 일시적으로 모든 사람에게 큰 인기를 얻는, 즉 '대유행'이란 뜻입니다. rage는 '분노, 격분'이란 뜻 이외에 '대유행'이란 뜻이 있기 때문이죠.

(b) : 이 기술은 '최첨단'이란 말로는 부족합니다. cutting edge는 '최첨단(의), 가장 앞서가는 (것)'이란 뜻으로 사용됩니다. verge는 edge와 그 의미는 유사하나 문맥상 빈칸에 들어갈 수 없습니다.

(a) : 배부름이 모든 악의 근원이다. 예로부터, 등따시고 배부르면 판단력이 흐려지고 자신보다 못한 사람들을 이해하지 못하게 되죠. 즉, 기름진 음식으로 꽉찬 배(full belly)가 모든 악의 근원이라고 할 수 있는 거죠.

LEVEL 01
QUIZ 03

She had _____.
- (a) her nails do
- (b) her nails done

We heard the winner _____.
- (a) announced
- (b) announce

Can I take a _____ guess?
- (a) wild
- (b) brutal

My husband is the _____ of my eye.
- (a) apple
- (b) watermelon

ANSWER 9-12

(b) : 그녀는 손톱 손질을 받았어. 사역동사 have를 갖는 5형식 문장에서 목적어와 목적격보어의 관계가 수동의 관계로서 '목적어가 목적격보어 되다'라는 뜻일 경우엔 목적격보어로 동사원형이 아니라 과거분사가 와야 합니다.

(a) : 우리 승자가 발표되는 걸 들었어요. 지각동사 hear를 이용한 5형식 문장으로 목적어인 winner와 어울리는 적절한 목적격보어를 찾아야 합니다. 문맥상 '승자(winner)가 발표되는 걸 듣다'란 뜻이므로 목적어와 목적격보어는 서로 수동의 관계입니다. 그러므로 빈칸은 과거분사형태인 announced가 되어야 하죠.

(a) : 대충 짐작해 봐도 될까요? 빈칸 뒤의 명사와 어울릴 수 있는 형용사는 보기 중 wild입니다. 형용사 wild가 '엉뚱한, 얼토당토않은' 이란 의미가 있기 때문이죠. 즉, wild guess는 정확한 추측이 아닌 '어림짐작, 얼토당토 않은 추측'이란 뜻으로 해석되어야 합니다.

(a) : 내 남편은 눈에 넣어도 아프지 않을 만큼 사랑스러워요. apple of one's eye는 '눈에 넣어도 아프지 않을 만큼 소중한 존재'를 뜻합니다.

LEVEL 01
QUIZ 03

13

I want my package _____ today.

☐ (a) deliver   ☐ (b) delivered

14

The plane will _____ soon.

☐ (a) arrives
☐ (b) arrive

15

Ji-Sung Park _____ another goal in the 20th minute.

☐ (a) entered   ☐ (b) scored

16

You're a little _____ today.

☐ (a) beach
☐ (b) bitchy

ANSWER 13-16

(b) : 제 소포를 오늘 받았으면 좋겠는데요.   동사 want가 5형식 문장에서 쓰일 경우 목적격보어는 to부정사가 와야 합니다. 목적어인 package는 배달되어지는 수동의 대상이므로 목적격보어는 수동형을 취해 to be delivered가 되어야 하죠. 이때, be동사를 포함한 to be는 생략이 가능하여 빈칸은 간단히 delivered가 오면 됩니다.

(b) : 비행기는 곧 도착할 거예요.   조동사 will, can, may, should, have to, must 등의 뒤에는 반드시 동사원형이 위치해야 합니다. 주어가 3인칭 단수라고 해서 조동사 뒤에 오는 동사가 -s형이 되어서는 안됩니다.

(b) : 박지성이 20분에 또 한 골을 넣었어.   빈칸 뒤의 명사 goal과 어울려 사용되고 문맥상 경기 중에 득점과 관련해서 쓰일 수 있는 동사는 보기 중 score입니다. score a goal은 '득점하다'란 뜻이죠.

(b) : 너 오늘 조금 싸가지 없게 구는구나.   bitchy는 형용사로 사람의 성격을 나타냅니다. 다른 사람들에게 짜증을 내고 투덜거리는 사람을 가리켜 bitchy하다고 말할 수 있지요.

배운 문장들을 대화문으로 다시 한 번 말해봐요!

아래의 한글로 된 문장들이 영문으로 기억나세요? 앞에서 다 배웠던 문장입니다.
빈 칸에 영문을 직접 적어보고 대화문을 연습해 보세요.

1

A _____.
내 차를 쓰도록 허락해 줄게.

B Thanks. You're the best.
고마워. 네가 최고야.

2

A I need you to come up with an extra 2,000 dollars.
당신이 추가로 2,000달러를 더 구해줬으면 해요.

B Well, _____.
음, 그건 무리한 요구처럼 보이는군요.

Humor

Q : If I have 10 legs, 15 arms and 7 heads, what am I?
A : A liar!

Q : 만약 내가 다리가 10개고, 팔이 15개고 머리가 7개라면, 난 뭘까?
A : 거짓말쟁이지!

3
A _____, will you?
옆으로 좀 좁혀 앉아줄래요?

B Hey, I don't have enough room myself.
저기, 저도 공간이 충분하질 않아요.

4
A _____.
비욘세 스타일이 완전 대유행이야.

B Yeah, she is a trendsetter.
응, 그녀는 유행을 선도하고 있어.

5
A _____.
배부름이 모든 악의 근원이야.

B That's right. We need to stay hungry in order to win.
맞아. 승리하기 위해선 배고픔을 유지할 필요가 있어.

6
A _____.
우린 승자가 발표되는 걸 들었어.

B Really? Who was the winner?
정말? 누가 승자였니?

7
A Do you know what this is?
이게 뭔지 알아요?

B I'm not sure. _____?
확실치는 않아요. 대충 짐작해 봐도 될까요?

8

A _____.
내 남편은 눈에 넣어도 아프지 않을 만큼 사랑스러워.

B Well, that's the power of love.
음, 그게 사랑의 힘이지.

9

A When do you want your package delivered?
소포가 언제 배송되길 원하세요?

B _____.
오늘 받았으면 좋겠는데요.

10

A _____.
오늘 좀 싸가지 없게 구는구나.

B Sorry. I get bitchy when I have my period.
미안. 나 생리할 때 좀 그런 경향이 있어.

ANSWER

1. I'll let you use my car | 2. it seems like a tall order | 3. Scoot over | 4. The Beyonce look is all the rage | 5. A full belly is the mother of all evil | 6. We heard the winner announced | 7. Can I take a wild guess | 8. My husband is the apple of my eye | 9. I want my package delivered today | 10. You're a little bitchy today

LEVEL 01
Quiz 04

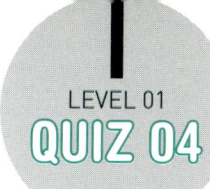

LEVEL 01
QUIZ 04

1. You had better _____ your mouth shut.
- (a) to keep
- (b) keep

2. _____ me an hour later?
- (a) Could you call
- (b) Could call you

3. You can't change plans at the _____ hour.
- (a) fifteenth
- (b) eleventh

4. Can you give me a _____ call at 7 tomorrow morning?
- (a) get-up
- (b) wake-up

ANSWER 1-4

(b) : 너 입 다물고 있는 게 좋을 거야.　had better는 '~하는 게 좋겠다'란 뜻으로 문장에서 조동사의 역할을 합니다. 그러므로 당연히 뒤에는 동사원형이 위치해야 하지요. 이와 같이 조동사처럼 쓰여 뒤에 반드시 동사원형이 와야 하는 표현들에는 used to(~하곤 했다)/ought to(~해야만 한다)/be able to(~할 수 있다) 등이 있죠.

(a) : 한 시간 후에 내게 전화해 줄 수 있어요?　조동사의 의문문은 '주어 + 조동사 + 동사원형~'의 어순을 '조동사 + 주어 + 동사원형'으로 바꾸어 주면 됩니다(단, have to/ought to/had better는 제외). could는 상대방에게 굉장히 공손하게 허가나 요청을 나타낼 때 사용할 수 있습니다.

(b) : 막판에 계획을 바꾸시면 안 되죠.　at the eleventh hour는 '막판에, 아슬아슬하게'라는 뜻입니다. 하루의 끝인 저녁 12시가 되기 한 시간 전인 11시를 가장 아슬아슬한 막판의 순간으로 보는 표현이지요.

(b) : 내일 아침 7시에 모닝콜 좀 해주실 수 있으세요?　콩글리시인 '모닝콜'의 올바른 영어표현은 바로 wake-up call입니다. wake-up이 바로 '잠에서 깨다'란 뜻이기 때문이죠. get-up은 참과의 여부에 상관없이 누워있던 상태에서 '일어나다'란 뜻이기에 의미상 적합하지 않습니다.

LEVEL 01
QUIZ 04

5. _____ me a favor?
- (a) Do you would
- (b) Would you do

6. I _____ a thing about him.
- (a) know not
- (b) don't know

7. You always have some _____ excuse.
- (a) lame
- (b) lamb

8. Television is _____ for the eyes.
- (a) cotton candy
- (b) chewing gum

ANSWER 5-8

(b) : 제 부탁 좀 들어 주시겠어요? 조동사 would가 쓰인 의문문이기에 그 어순에 적합한 것은 보기 (b)입니다. 조동사의 의문문은 조동사가 주어 앞으로 나가죠. would는 will(~일 것이다)의 과거시제이기도 하지만, 허가나 요청의 의미로 쓰인 문장에서는 과거시제가 아니라 will 보다 좀 더 공손한 허가, 요청의 의미를 만들어 내지요.

(b) : 전 그에 대해서 하나도 아는 게 없어요. do동사는 '하다'라는 뜻도 있지만, not과 함께 쓰여 일반동사의 부정문을 만들어 줍니다. 주어의 수나 시제에 따라서 'do/does/did + not + 동사원형'의 형태를 취하지요. know는 '알다'이지만 don't/doesn't know [didn't know] 는 '모른다[몰랐다]'가 됩니다.

(a) : 넌 항상 궁색한 변명을 하는구나. 빈칸 뒤의 명사와 어울리는 것은 보기 (a)의 형용사 lame입니다. lame은 '불충분한, 변변찮은'이란 뜻으로 lame excuse는 '궁색한 변명'으로 해석될 수 있죠. lamb은 명사로 '양'을 뜻합니다.

(b) : 텔레비전은 쉬지 않고 보게 된다. 미국의 유명 건축가가 한 말입니다. 껌(chewing gum)은 일단 씹으면 단물이 빠질 때까지 쉬지 않고 계속 씹게 되죠. 즉, 텔레비전은 입이 아닌 우리의 눈이 즐기는 껌처럼, 쉬지 않고 계속 보게 된다는 말입니다.

38

LEVEL 01
QUIZ 04

9

My brother _____ in his room.
- ☐ (a) must studying
- ☐ (b) must be studying

10

You _____ your laptop.
- ☐ (a) should have brought
- ☐ (b) should have bringing

11

I personally support _____ punishment.
- ☐ (a) capital
- ☐ (b) district

12

No _____ in the hallways!
- ☐ (a) PDA
- ☐ (b) VHS

ANSWER 9-12

(b) : 내 동생은 틀림없이 방에서 공부하고 있을 거야.   조동사 must는 '~임에 틀림없다'는 강한 확신을 나타내 줍니다. 이러한 조동사의 진행형은 '조동사 + be동사 + 동사-ing'의 어순을 취해주어야 하지요. must study는 '공부해야만 한다'란 뜻이지만, must be studying은 '틀림없이 공부하고 있는 중일 것이다'란 추측의 뜻이 됩니다.

(a) : 너 노트북을 가지고 왔어야 했어.   과거의 일에 대한 추측이나 유감을 나타낼 때는 '조동사 + have + 과거분사'의 형태를 취해주어야 합니다. '조동사 + 동사원형'은 '~해야만 하다'의 의미지만 'should + have + 과거분사'는 '~해야 했다'란 뜻으로 과거의 일에 대한 유감이나 후회를 나타내 줄 수 있지요.

(a) : 난 개인적으로 사형 제도를 지지합니다.   빈칸 뒤의 명사 punishment(처벌)와 어울리는 것은 보기 중 capital입니다. capital은 '자본'이라는 뜻 이외에, '사형감인'이란 뜻도 있기 때문이지요.

(a) : 복도에서 애정행위 하면 안 돼!   PDA는 public displays of affection의 약자입니다. 즉, '공공장소에서의 애정행위'를 뜻하는 말이죠. 아무리 성문화가 좀 더 개방된 외국이라도 PDA에 모든 사람들이 거부감을 느끼지 않는 건 아니랍니다.

LEVEL 01
QUIZ 04

13. You _____ have seen it, because it doesn't exist.
- ☐ (a) cannot
- ☐ (b) should not

14. The assignment _____ by 2 o'clock.
- ☐ (a) must be finished
- ☐ (b) must being finished

15. Believe me, she was just a _____.
- ☐ (a) bling
- ☐ (b) fling

16. Are there any job _____ at the library?
- ☐ (a) blanks
- ☐ (b) openings

ANSWER 13-16

(a) : 넌 그것을 봤을 리가 없어. 왜냐면 그건 존재하지 않거든. 조동사와 현재완료 시제를 결합한 형태인 'cannot have + 과거분사'는 '~이었을 리가 없다'란 뜻이 됩니다. 반면 'should not + have + 과거분사'는 '~하지 말았어야 했다'는 뜻이 되지요. 문맥상 그것은 존재하지 않기 때문에 '봤을 리가 없다'고 말하는 것이 적절합니다.

(a) : 그 과제는 2시까지 반드시 완료되어야만 해. 조동사의 수동형은 '조동사 + be동사 + 과거분사'의 형태를 취해주면 됩니다. 주어가 과제(the assignment)이기 때문에 서술어는 '완료되어야만 한다'는 수동형을 취해야 주어야 하지요.

(b) : 날 믿어줘. 그녀는 그저 잠깐의 외도였을 뿐이야. fling은 아주 짧은 기간 동안에 벌어진 남녀 간의 관계를 뜻합니다. 결혼을 하지 않은 남녀에게는 '불장난'정도의 뜻이지만, 결혼을 한 사람에게는 '외도'가 되는 거죠. 갑자기 타이거 우즈 스캔들이 생각나는군요.

(b) : 도서관에 일자리가 있나요? 문맥상 도서관에서의 '일자리'가 들어가는 것이 적절합니다. job opening은 '일자리, 공석'을 뜻하지요. blank는 평면 위의 '빈 공간'을 뜻하므로 job과 함께 사용되지 않습니다.

배운 문장들을 대화문으로 다시 한 번 말해봐요

아래의 한글로 된 문장들이 영문으로 기억나세요? 앞에서 다 배웠던 문장입니다.
빈 칸에 영문을 직접 적어보고 대화문을 연습해 보세요.

1 A _____.
   너 입 다물고 있는 게 좋을 거야.

   B **Don't worry. I won't tell a soul.**
   걱정 마세요. 아무에게도 말하지 않을게요.

2 A _____.
   막판에 계획을 바꾸시면 안 되죠.

   B **Cut me some slack this one time.**
   이번 한 번만 봐주세요.

Humor

Q : Why can't a skeleton go to parties?
A : Because he has no-body to go with!

Q : 왜 해골은 파티에 갈 수가 없을까?
A : 왜냐면 해골은 같이 갈 사람이 없거든!

(* 언어유희 : nobody 아무도 / no-body 몸이 없는)

3
A _____?
제 부탁 좀 들어 주시겠어요?

B Anything for you.
당신을 위해서라면 뭐든지요.

4
A I couldn't finish it because of my brother.
제 형 때문에 그것을 끝낼 수가 없었어요.

B _____.
넌 항상 궁색한 변명을 하는구나.

5
A _____.
네 노트북을 가지고 왔어야 해.

B Do you think I should run back home and get my laptop?
집으로 돌아가 제 노트북을 가져와야 하나요?

6
A _____.
난 개인적으로 사형 제도를 지지해.

B Me, too. Murderers and rapists should be shot.
나도 그래. 살인자들과 강간범들은 총으로 쏴버려야 해.

7
A Jack! Alicia! _____!
잭! 앨리시아! 복도에서 애정행위 하면 안 돼.

B All right. All right.
알았어요. 알았어.

8
- **A** _____.
  그 과제는 2시까지 반드시 완료되어야만 해.
- **B** Oh, no. We've only got an hour left.
  아, 안 돼. 한 시간 밖에 남지 않았어.

9
- **A** Did you love her?
  그녀를 사랑했나요?
- **B** Believe me, _____.
  날 믿어줘. 그녀는 그저 잠깐의 외도였을 뿐이야.

10
- **A** _____?
  도서관에 일자리가 있나요?
- **B** Yes, there are. Do you have your resume now?
  네, 있습니다. 지금 이력서 가지고 계신가요?

ANSWER

1. You'd better keep your mouth shut | 2. You can't change plans at the eleventh hour | 3. Would you do me a favor | 4. You always have some lame excuse | 5. You should have brought your laptop | 6. I personally support capital punishment | 7. No PDA in the hallways | 8. The assignment must be finished by 2 o'clock | 9. she was just a fling | 10. Are there any job openings in the library

LEVEL 01
Quiz 05

LEVEL 01
QUIZ 05

1. She kissed you? You _____ be kidding.
   - ☐ (a) can
   - ☐ (b) must

2. It's too late. _____ waste any more time.
   - ☐ (a) Let's not
   - ☐ (b) Let's don't

3. Failure is a _____, not a dead-end street.
   - ☐ (a) alley
   - ☐ (b) detour

4. I didn't like that movie. It was so _____.
   - ☐ (a) cheesy
   - ☐ (b) chilly

ANSWER 1-4

(b) : 그녀가 너에게 키스를 했다고? 농담이겠지. 조동사 must는 '~일 것이다'란 추측의 의미로 사용될 수 있습니다. 이를 활용한 관용표현으로 You must be kidding.(농담이겠지)를 꼭 기억해 두세요.

(a) : 너무 늦었어. 더 이상의 시간 낭비 하지 말자. Let's는 '~하자'란 뜻의 제안을 나타내며 'Let's + 동사원형'의 어순을 취합니다. 부정의 의미로 '~하지 말자'는 let's 뒤에 not을 붙여서 'Let's not + 동사원형'의 어순이 되어야 하지요.

(b) : 실패는 우회로이지 막다른 길이 아니다. detour는 '우회로'를 의미합니다. 목적지에 도달하기 위해서 잠시 '돌아가는 길'을 뜻하죠. 실패(failure)가 막다른 길(dead-end street)처럼 인생의 끝은 아닐 겁니다. 성공이라는 목적지를 향해 잠시 돌아가는 detour에 불과할 뿐이죠.

(a) : 난 그 영화 별로였어. 너무 진부했거든. 무언가가 cheesy 하다는 것은 그것이 새로운 것이 없는 진부한 것을 의미합니다. 예를 들어, 억지로 사람들의 눈물을 짜내려 하는 영화들을 가리켜 cheesy하다고 말할 수 있는 거죠.

LEVEL 01
QUIZ 05

5. My new digital camera _____ wonderfully.
- [ ] (a) work
- [ ] (b) works

6. The students in the classroom _____ Korean.
- [ ] (a) is
- [ ] (b) are

7. I got a _____ tire on the highway yesterday.
- [ ] (a) flat
- [ ] (b) dead

8. What are you talking about? I don't smoke _____.
- [ ] (a) weed
- [ ] (b) stone

ANSWER 5-8

(b) : 내가 새로 산 디지털카메라는 끝내주게 작동이 잘 돼. 문장에서 '동사'는 '주어'의 수에 일치해야 합니다. 본 문장에서 주어는 digital camera, 즉 3인칭 단수이므로 동사 역시 단수형태가 되어야지요. 단수동사는 동사의 기본형에 -s 혹은 -es를 붙여주면 됩니다. 참고로 work는 '작동하다'란 뜻이 있지요.

(b) : 교실에 있는 학생들은 한국인들이에요. 본 문장에서 in the classroom은 주어인 복수명사 students를 수식해 주는 수식어구입니다. 이렇게 문장에서 '주어'와 '동사' 사이에 끼는 수식어(구)는 동사의 수에 영향을 주지 않습니다. 즉, 본 문장에서 주어가 복수이므로 동사 역시 복수인 are가 와야 하는 거죠.

(a) : 저 어제 고속도로에서 타이어에 펑크가 났어요. 빈칸 뒤에 위치한 명사 tire와 어울리는 형용사는 보기 중 flat입니다. flat은 '펑크가 난, 바람이 빠진'이란 뜻을 갖고 있기 때문이죠. flat tire는 '펑크 난 타이어'란 뜻으로 통으로 외워두셔야 합니다.

(a) : 무슨 소리 하는 거야? 난 마리화나 안 펴. 우리나라와는 달리 서양에는 생각보다 마약을 하는 젊은 친구들이 굉장히 많습니다. 그러다 보니, 마약과 관련한 다양한 슬랭들이 있지요. 그 중 하나인 weed의 사전적 의미는 '잡초'지만, 슬랭으로는 '마리화나(marihuana)'를 의미하지요.

LEVEL 01 QUIZ 05

9. Watching movies _____ my favorite pastime.
- (a) is
- (b) are

10. The number of crocodiles in Australia _____ increasing.
- (a) is
- (b) are

11. Love makes time pass; _____ makes love pass.
- (a) joy
- (b) time

12. Jason! You can _____ a seat here.
- (a) take
- (b) catch

ANSWER 9-12

(a) : 영화를 보는 것 내가 가장 좋아하는 취미에요.   본 문장에서 주어는 '~하는 것'으로 해석되는 동명사구입니다. 이처럼, 동명사구가 문장의 주어로 오는 경우 문장의 동사는 반드시 단수가 와야 하지요.

(a) : 호주의 악어 수가 증가하고 있습니다.   명사 앞에 위치하는 수량표현이 단수일 경우에 동사는 단수 동사를, 수량표현이 복수일 경우에는 복수 동사를 써야 합니다. 'the number of + 명사'는 '~의 수'라는 뜻으로 단수취급 수량표현 중의 하나이므로 동사 역시 단수 동사인 is가 와야 하지요.

(b) : 사랑은 시간을 잊게 하고, 시간은 사랑을 잊게 한다.   사랑을 하게 되면, 하루하루 시간 가는 줄도 모르고 지내죠. 하지만 결국 시간이 많이 흐르면 사랑마저도 흘러가듯 변하게 된다는 프랑스의 속담 격언입니다.

(a) : 제이슨! 너 여기 앉으면 돼.   명사 seat과 함께 어울려 쓰일 수 있는 동사는 보기 중 '취하다'란 뜻을 가진 동사 take입니다. take a seat은 '자리에 앉다'란 뜻이 되지요. 동사 catch는 catch a bus처럼 '교통수단을 타다'라는 의미로 사용될 수 있습니다.

LEVEL 01
QUIZ 05

13

A number of buildings in Korea _____ major renovation.

☐ (a) needs   ☐ (b) need

14

Half of the debt _____ owed to US banks.

☐ (a) is   ☐ (b) are

15

He's doing better, but he's not out of the _____ yet.

☐ (a) woods   ☐ (b) earth

16

Do you usually work the night _____?

☐ (a) switch
☐ (b) shift

ANSWER 13-16

(b) : 한국의 수많은 건물들이 중대 보수공사가 필요합니다.   복수명사 buildings를, 앞에 위치한 수량표현 a number of(다수의 ~)가 복수 취급하는 수량표현이므로 문장의 동사 역시 복수동사가 와야 합니다.

(a) : 빚의 절반은 미국 은행들에게 지불되어야 한다.   half of/most of/percent of/all of 등은 모두 부분 혹은 전체를 나타내는 수량표현입니다. 이러한 수량표현으로 꾸며진 명사가 주어자리에 올 경우, 동사는 of 뒤 명사에 수일치를 시켜야 하지요. 본 문장에서 of 뒤의 명사는 단수인 debt이므로 동사 역시 단수 동사가 와야 합니다.

(a) : 그는 나아지곤 있지만, 아직 고비를 넘긴 건 아니에요.   out of the woods는 '곤경(위험)에서 벗어난' 이란 뜻입니다. woods는 '숲'이란 뜻인데, 보통 숲은 유령과 귀신들이 사는 위험한 곳으로 여겨졌기에, 이곳을 빠져나오는 것이 곧 위험에서 벗어난 것이기 때문입니다.

(b) : 너 보통 야간조에 근무하니?   법정근로시간을 우리나라와는 달리 철저히 지키는 서양에서는 밤샘작업이 필요한 곳들은 모두 몇 교대로 나눠서 근무를 합니다. 이 때, 근무조를 뜻하는 영어표현이 shift이고, 야간일 경우에는 night shift 라고 부릅니다.

Speak! Speak!

배운 문장들을 대화문으로 다시 한 번 말해봐요!

아래의 한글로 된 문장들이 영문으로 기억나세요? 앞에서 다 배웠던 문장입니다.
빈 칸에 영문을 직접 적어보고 대화문을 연습해 보세요.

1
A: **She kissed you?** _____!
그녀가 네게 키스를 했다고? 농담이겠지.

B: **I'm not kidding! We really made out!**
농담하는 거 아냐! 우리 정말로 키스했어!

2
A: **Cheer up.** _____.
기운 내. 실패는 우회로이지 막다른 길이 아냐.

B: **You're right. I'm not giving up.**
네 말이 맞아. 나 포기하지 않을 거야.

Humor

A: Which month has 28 days?
B: Um, February?
A: No, all of them!

A: 어느 달에 28일 있을까?
B: 음, 2월?
A: 아니, 모든 달에 28일 있지!

3

A I didn't like that movie. _____.
난 그 영화 별로였어. 너무 진부했거든.

B Me, neither. We should have seen the other one.
나도 별로였어. 우리 다른 거 봤어야 했는데 말이야.

4

A _____.
교실에 있는 학생들은 한국인들이에요.

B Oh, I see. What are they studying here?
아, 그렇군요. 저들은 여기서 무엇을 공부하나요?

5

A _____.
어제 고속도로에서 타이어에 펑크가 났어요.

B Really? It must have freaked you out.
정말? 정말 당황했겠구나.

6

A Are you on drugs?
너 마약하니?

B What are you talking about? _____.
무슨 소릴 하는 거야? 난 마리화나 안 펴.

7

A _____.
사랑은 시간을 잊게 하고, 시간은 사랑을 잊게 해.

B Wow, you sound like a love expert.
와우, 너 연애 전문가처럼 말한다.

8

A | Jason! _____.
제이슨! 너 여기 앉으면 돼.

B | Oh, thanks for saving me a seat.
아, 자리 맡아줘서 고마워.

9

A | How is Mr. Coles doing?
콜스 씨는 어떤가요?

B | _____.
그는 나아지곤 있지만, 아직 고비를 넘긴 건 아니예요.

10

A | _____?
너 보통 야간조에 근무하니?

B | Yeah, I don't work the day shift.
응, 난 주간 근무는 안 해.

ANSWER

1. You must be kidding | 2. Failure is a detour, not a dead-end street | 3. It was so cheesy |
4. The students in the classroom are Korean | 5. I got a flat tire on the highway yesterday | 6. I don't smoke weed | 7. Love makes time pass, time makes love pass | 8. You can take a seat here |
9. He's doing better, but he's not out of the woods yet | 10. Do you usually work the night shift

LEVEL 01
Quiz 06

LEVEL 01
QUIZ 06

1. Seven percent of companies in Japan _____ these machines.

☐ (a) use   ☐ (b) uses

2. Jack and Susan _____ to end their marriage.

☐ (a) wants   ☐ (b) want

3. The real _____ never betrays me.

☐ (a) idleness
☐ (b) effort

4. Shut your _____!

☐ (a) chip hole
☐ (b) pie hole

ANSWER 1-4

(a) : 일본에 있는 회사들의 7퍼센트가 이 기계들을 사용해요.   부분을 나타내는 수량표현 중의 하나인 percent of 뒤의 명사가 복수인 companies이므로 동사 역시 복수 동사가 와야 합니다. 일반 동사의 복수형은 동사의 기본형 그대로이지요.

(b) : 잭과 수잔은 그들의 결혼을 끝내길 원해요.   주어가 'A and B'처럼 접속사 and로 연결되어 있는 경우, 복수동사가 와야 합니다. 일반 동사의 복수형은 동사의 기본형 그대로이므로, 정답은 want입니다.

(b) : 진정한 노력은 결코 나를 배신하지 않는다.   진정한 노력(the real effort)을 다해서 무언가를 한다면, 결코 그 결과는 나를 배반하지 않는다는 명언입니다. 만약, 노력을 했다고 생각했음에도 실패를 한다면, 그 노력의 크기가 충분치 못했던 것일 수도 있으니까요.

(b) : 입 닥쳐!   pie hole은 속어로 사람의 '입'을 뜻합니다. 즉, shut your pie hole은 shut your mouth/shut up과 같은 뜻으로 '입 닥쳐'란 의미가 되는 거죠. 참고로 cake hole도 사람의 '입'을 의미합니다.

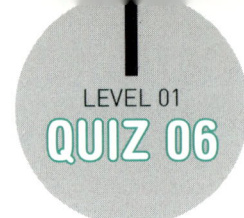

LEVEL 01 QUIZ 06

5. Neither the stars nor the moon _____ as brightly as the sun.
- ☐ (a) shine
- ☐ (b) shines

6. Not only my mother but also my aunts _____ glasses.
- ☐ (a) wear
- ☐ (b) wears

7. You won't be able to _____ the 12:00 flight.
- ☐ (a) leave
- ☐ (b) catch

8. There is always a _____ way.
- ☐ (a) better
- ☐ (b) smaller

ANSWER 5-8

(b) : 별들과 달 둘 중 어느 것도 태양만큼 밝게 빛나지 않아요. Neither A nor B는 'A와 B 둘 중 어느 것도 아닌'이란 뜻입니다. 이처럼 접속사 nor로 연결된 두 대상이 문장의 주어에 위치한 경우 문장의 동사는 B에 수일치를 시켜주어야 하지요.

(a) : 제 어머니뿐 아니라 이모들도 안경을 쓰세요. not only A but (also) B는 'A 뿐 아니라 B'도 라는 뜻입니다. 이처럼 접속사 not only ~ but (also) 로 연결된 두 대상이 문장의 주어에 위치한 경우 문장의 동사는 B에 수일치를 시켜주어야 하지요.

(b) : 넌 12시 비행기를 탈 수 없을 거야. '동사 + 명사' 형태의 연어문제입니다. 목적어로 flight이 있는데, 이와 함께 어울려 쓰이는 동사는 catch이죠. catch a flight은 '비행기를 타다'란 뜻입니다.

(a) : 언제나 더 좋은 방법이 있기 마련이다. 위대한 과학자 토마스 에디슨이 남긴 명언입니다. 우리가 생각하는 최상의 방법이 정말 최상의 방법일까요? 분명, 더 많은 고민을 한다면 더 좋은 방법을 생각해 낼 수 있을 겁니다. 과거의 틀에 얽매여서는 안된다는 의미가 될 수도 있겠죠?

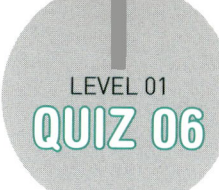

LEVEL 01
QUIZ 06

9. Amy as well as her sisters _____ beautiful.
- (a) are
- (b) is

10. I made a _____ on my tax return.
- (a) failure
- (b) mistake

11. Your eyewitness is a little _____.
- (a) iffy
- (b) cookie

12. What time did you _____ the alarm for?
- (a) set
- (b) match

ANSWER 9-12

(b) : 에이미의 누나들뿐 아니라 에이미도 아름다워요. 'A as well as B'는 'B뿐만이 아니라 A도'라는 뜻입니다. 접속사 as well로 연결된 두 대상이 문장의 주어에 위치한 경우 문장의 동사는 A에 수일치를 시켜주어야 합니다.

(b) : 나 세금 환급서에 실수를 했어요. 동사 make와 함께 어울려 쓰이면서, 문맥상 '세금 환급서에 ~ 하다'란 의미를 만들기 위해 빈칸에 들어가야 할 명사는 mistake입니다. make a mistake는 '실수하다'란 뜻이 되죠. 세금환급서는 failure(실패)의 대상이 될 수 없습니다.

(a) : 네 목격자의 말은 다소 불확실 해. iffy는 '불확실한, 의문투성이인'이란 뜻입니다. '만약 ~ 라면'이란 뜻의 접속사 If에서 유래된 표현으로, 확신을 갖지 못하고 '만약...'이라고 조건을 달며 생각할 정도로 확실치 않다는 것을 나타낼 때 쓸 수 있지요.

(a) : 너 몇 시에 알람시계를 맞춰 놨니? 명사 alarm과 함께 어울려 쓸 수 있는 동사는 보기 중 set입니다. set the alarm(clock)은 '알람(시계)를 맞추다'란 뜻이 되지요.

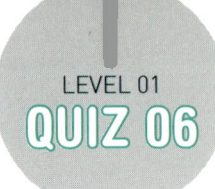

LEVEL 01
QUIZ 06

13
The sun _____ in the east and sets in the west.
☐ (a) rises   ☐ (b) rose

14
I _____ the book to the library yesterday.
☐ (a) returned   ☐ (b) return

15
Reality is wrong. Dreams are for _____.
☐ (a) fake   ☐ (b) real

16
You have mental problems. You should see a _____.
☐ (a) brink   ☐ (b) shrink

ANSWER 13-16

(a) : 태양은 동쪽에서 떠서 서쪽으로 져요. 현재시제는 일반적인 사실, 법칙, 진리 등을 표현할 때 사용합니다. 태양이 동쪽에서 떠서 서쪽으로 지는 건 변하지 않는 진리죠. 그러므로 동사는 현재시제로 표현되어야 합니다.

(a) : 나 어제 도서관에 그 책을 반납했어요. 동사의 시제를 파악해야 합니다. 문장 끝에 yesterday가 시점이 어제, 즉 과거시제임을 알려주고 있습니다. 과거의 동작, 상태 묘사 혹은 역사적 사실은 동사를 과거시제로 표현해 주어야 합니다.

(b) : 현실은 잘못되었다. 꿈이 진짜인 거다. 고인이 된 미국의 유명 랩퍼 투팍이 남긴 유명한 말입니다. 현실이 시궁창 같고, 견디기 힘들 때, 쓰러지지 않고 앞으로 행진할 수 있게 해주는 힘은 바로 미래에 대한 꿈이겠죠. 내가 갖고 있는 꿈이 진짜라고 믿고, 노력한다면 힘든 현실도 이겨낼 수 있지 않을까요?

(b) : 넌 정신적인 문제가 있어. 너 정신과에 가 봐야 돼. shrink는 '정신과 의사'를 뜻하는 psychiatrist의 속어입니다. shrink는 원래 '오그라들다'라는 뜻으로, 정신과 의사를 지칭하던 'head-shrinker(머리를 오그라들게 하는 사람)'를 줄여 간단히 shrink라고만 부르게 되었다고 해네요.

배운 문장들을 대화문으로 다시 한 번 말해봐요!

아래의 한글로 된 문장들이 영문으로 기억나세요? 앞에서 다 배웠던 문장입니다.
빈 칸에 영문을 직접 적어보고 대화문을 연습해 보세요.

1
A What's your philosophy of life?
인생의 좌우명이 뭡니까?

B It's that _____.
진정한 노력은 결코 나를 배신하지 않는다는 겁니다.

2
A Hey, _____!
You're talking too much.
야, 입 닥쳐! 너 말이 너무 많아.

B Who are you to tell me to shut up?
네가 뭔데 내게 입 닥치라고 하는 건데?

Humor

A : Why would the bald men paint rabbits on their heads?
B : I have no idea. Why would they do that?
A : Because from a distance, they looked like hares.

A : 왜 대머리 남자들은 머리 위에 토끼를 그려 넣으려고 할까?
B : 모르겠어. 왜 그러는 건데?
A : 왜냐면 멀리서 보면 토끼는 hare(= hair 머리카락)처럼 보이거든.

(* 언어유희 : 산토끼(hare)와 머리카락(hair)의 발음이 같음)

3

A _____.
제 어머니뿐만 아니라 이모들도 안경을 쓰세요.

B I guess bad eyesight runs in your mom's side of the family.
나쁜 시력이 어머니 가계에 유전인가 보네요.

4

A Do you have the time?
시계 있니?

B It's 11:30. _____.
11시 30분이야. 너 12시 비행기를 탈 수 없을 거야.

5

A Don't you think this is the best way?
이게 최선의 방법이라고 생각하지 않으세요?

B No, _____.
아뇨, 언제나 더 좋은 방법이 있기 마련입니다.

6

A Where does the sun rise?
태양은 어디서부터 뜨죠?

B _____.
태양은 동쪽에서 떠서 서쪽으로 져요.

7

A _____?
너 몇 시에 알람시계를 맞춰놨니?

B Six-thirty.
6시 반.

8

A Are you still reading 〈English Quiz Show 1〉?
너 아직도 〈영어퀴즈쇼 1〉 읽고 있니?

B No, _____.
아니, 나 어제 도서관에 그 책을 반납했어.

9

A Do you know what Tupac said about reality?
너 투팍이 현실에 대해서 뭐라고 말했는지 아니?

B Yeah, he said, "_____."
응, 그는 "현실은 잘못되었다. 꿈이 진짜인거다."라고 말했어.

10

A You have a mental problem. _____.
넌 정신적인 문제가 있어. 너 정신과에 가봐야 해.

B Are you saying that I'm crazy?
너 내가 미쳤다고 말하는 거니?

ANSWER

1. the real effort never betrays me | 2. Shut your pie hole | 3. Not only my mother but also my aunts wear glasses | 4. You won't be able to catch the 12:00 flight | 5. there is always a better way | 6. The sun rises in the east and sets in the west | 7. What time did you set the alarm for | 8. I returned the book to the library yesterday | 9. Reality is wrong. Dreams are for real | 10. You should see a shrink

LEVEL 01
Quiz 07

LEVEL 01
QUIZ 07

1. I _____ up for the class next year.
- ☐ (a) will sign
- ☐ (b) sign

2. When you _____ a job, we'll all celebrate.
- ☐ (a) get
- ☐ (b) will get

3. Envy and wrath _____ your life.
- ☐ (a) shorten
- ☐ (b) strengthen

4. Is that a _____ on your neck?
- ☐ (a) hockey
- ☐ (b) hickey

ANSWER 1-4

(a) : 나 내년에 그 수업을 신청할 거야. 동사의 시제를 파악해야 합니다. 문장 끝에 next year가 시점이 내년, 즉 미래시제임을 알려주고 있습니다. 미래의 상황에 대한 예상이나 의지를 나타낼 때는 동사를 미래시제로 표현해 주어야 합니다.

(a) : 네가 취직을 했을 때, 우리 모두가 축하해줄 거야. 'When ~ a job'까지를 문법에서는 부사절이라고 합니다. 이러한 부사절이 시간이나 조건을 나타내는 경우에 부사절 내의 동사는 그 시점이 미래라도 현재시제를 써야 하지요. 그러므로 빈칸은 will get이 아니라 get이 되어야 합니다.

(a) : 시기와 분노는 수명을 단축시킨다. 다른 사람을 시기(envy)하고 분노(wrath) 한다고 해서 좋아지는 것은 없겠죠? 오히려 나의 수명을 단축시키거나(shorten) 하죠. 영어공부 힘들다고 인상 쓰지 말고 웃으며 즐겁게 공부하도록 하세요~

(b) : 네 목에 있는 그거 키스마크야? hickey는 '키스마크'를 뜻하는 슬랭입니다. 사람의 목에 운동경기인 hockey가 있을 수는 없겠죠?

LEVEL 01
QUIZ 07

5. He'll tell you the truth if you _____ him.
- ☐ (a) ask
- ☐ (b) will ask

6. I _____ my boyfriend at 8 tonight.
- ☐ (a) meet
- ☐ (b) am meeting

7. Check out my new car! Isn't it _____ ?
- ☐ (a) awesome
- ☐ (b) wholesome

8. Can you _____ me a lift to the airport?
- ☐ (a) hand
- ☐ (b) give

ANSWER 5-8

(a) : 네가 그에게 물어본다면 그는 네게 사실을 말해 줄거야. if ~ him은 문장에서 부사절의 역할을 합니다. 부사절은 시간이나 조건을 나타내는 경우 동사의 시제가 미래여도 대신 현재시제를 써야 하지요. 시간 혹은 조건의 부사절을 이끌어 주는 접속사에는 if, when, before, after, as soon as 등이 있습니다.

(b) : 난 오늘 밤 8시에 내 남자친구를 만날 거야. 현재진행형인 'be동사 + 동사-ing'는 현재시점에 진행되고 있는 일 뿐만 아니라, 이미 정해져 있는 가까운 미래의 일정을 말할 때도 사용할 수 있습니다. 본 문장에서 오늘 밤 8시라는 가까운 미래의 일을 얘기하는 것이기 때문에 빈칸이 am meeting이 되어야 하죠.

(a) : 내 새 차 좀 봐봐. 죽여주지 않니? 무언가 광장히 멋있다고 말할 때 미국인들이 가장 많이 쓰는 어휘 중 하나가 바로 awesome입니다. Cool!도 역시 자주 쓰이는 표현이니 같이 기억해 두도록 하세요.

(b) : 나 공항까지 태워다 줄 수 있어요? 간접목적어 me 뒤에 위치한 직접목적어 lift와 짝이 될 수 있는 것은 보기 중 동사 give입니다. give a lift는 '차로 태워주다'란 뜻이죠. 참고로 give a ride 역시 '차로 태워주다'라는 뜻을 가진 표현입니다.

LEVEL 01
QUIZ 07

9

We _____ your help right now.
- ☐ (a) are needing
- ☐ (b) need

10

I _____ for him since I was 25.
- ☐ (a) worked
- ☐ (b) have worked

11

Your sister is _____.
Does she have a boyfriend?
- ☐ (a) all that
- ☐ (b) all this

12

I think I have a(n) _____ stomach.
- ☐ (a) frustrated
- ☐ (b) upset

ANSWER 9-12

(b) : 우리 지금 당장 네 도움이 필요해. 　동사 need(필요하다)는 진행형을 사용할 수 없는 동사 중 하나입니다. 그러므로 도움이 필요한 것이 바로 지금 진행되고 있는 순간이라 하더라도 현재형으로 나타내 주어야 합니다. 이외에도 진행형으로 사용할 수 없는 동사에는 hate, like, sound, possess 등이 있지요.

(b) : 전 25살 때부터 그를 위해 근무해 왔습니다. 　현재완료 'have/has + 과거분사'는 어느 한 시점의 일이 아니라, 과거에 시작된 동작이나 상황이 현재까지 계속 이어지는 경우에 사용할 수 있습니다. 현재완료의 문장은 계속된 기간을 설명해 주기 위해서 보통 since(~한 이후로), for(~동안) 등과 함께 쓰입니다.

(a) : 네 여동생 끝내주게 매력적이다. 남자친구 있니? 　누군가가 all that하다는 것은 그 사람이 상당히 매력적이라는 것을 뜻합니다. 생긴 것도 매력적이고, 옷도 잘 입고, 세련된 느낌까지도 들어 굉장한 매력을 지닌 사람이란 뜻이 되지요.

(b) : 저 배탈난 것 같아요. 　빈칸 뒤의 명사 stomach(복부, 배)와 함께 쓰이며 문맥상 어울리는 형용사는 upset입니다. upset stomach은 '복통, 배탈'을 뜻하지요.

13. I _____ lobster at a restaurant called *Chow*.
- ☐ (a) eaten
- ☐ (b) have eaten

14. By the time we get to the theater, the movie _____.
- ☐ (a) has started
- ☐ (b) will have started

15. She might have _____ a disease.
- ☐ (a) developed
- ☐ (b) received

16. I have to get my forty _____ now.
- ☐ (a) winks
- ☐ (b) closes

ANSWER 13-16

(b) : 난 '차우'라고 불리는 식당에서 랍스터를 먹어본 적이 있어.   현재완료 시제는 과거에 해봤던 경험으로서 무언가를 말할 때도 사용합니다. 본 문장에서처럼 어느 식당에서 랍스터를 먹어봤던 경험을 말하고자 할 때는, 동사를 현재완료 시제로 나타내 주어야 하지요. 동사 eat(먹다)의 과거분사형은 eaten입니다.

(b) : 우리가 영화관에 도착하게 되면, 영화는 시작돼 있을 거예요.   기점 시제가 미래(By the time ~ theater)이고, 그때가 되었을 때의 완료될 상황을 이야기하고 있기 때문에 주절의 서술어는 미래완료 시제가 되어야 합니다. 미래완료 시제는 'will have + 과거분사'형태를 취하지요.

(a) : 그녀는 병에 걸렸을 수도 있어요.   빈칸 뒤의 명사 disease(병)과 함께 어울려 쓰이는 동사는 보기 중 develop입니다. develop a disease는 '큰 병에 걸리다'란 뜻이죠.

(a) : 나 이제 낮잠 자야 돼.   forty winks는 옛날부터 쓰여 온 슬랭 표현 중 하나로, '아주 짧은 낮잠'이란 뜻이 있습니다. 쉽게 생각해서, 눈을 40번 윙크할 정도로 아주 짧은 시간동안의 낮잠이라는 뜻이지요.

Speak! Speak!

배운 문장들을 대화문으로 다시 한 번 말해봐요!

아래의 한글로 된 문장들이 영문으로 기억나세요? 앞에서 다 배웠던 문장입니다.
빈 칸에 영문을 직접 적어보고 대화문을 연습해 보세요.

1

A _____.
네가 취직을 했을 때, 우리 모두가 축하를 해줄 거야.

B Okay. Wish me luck.
알았어. 행운을 빌어줘.

2

A Don't be jealous of her. _____.
그녀를 질투하지 마. 시기와 분노는 수명을 단축시킨다잖아.

B I know, but I can't help it.
나도 알지만, 어쩔 수가 없어.

Humor

A : Jack, what animal can jump higher than a house?
B : Um... I don't know.
A : You're stupid. A house can't jump!

A : 잭, 무슨 동물이 집보다 더 높이 뛸 수 있을까?
B : 음... 모르겠는데.
A : 너 멍청하구나. 집은 뛸 수가 없잖아!

3

A _____?
네 목에 있는 그거 키스마크야?

B No, it's not. It's a bug bite.
아냐. 벌레가 문 거야.

4

A What are you doing after work?
너 퇴근 후에 뭐 할 거니?

B _____.
난 오늘 밤 8시에 남자친구를 만날 거야.

5

A Check out my new car! _____?
내 새 차 좀 봐봐! 죽여주지 않니?

B Yeah, it's awesome.
응 멋져.

6

A How long have you worked for Mr. Johnson?
얼마나 오랫동안 존슨 씨를 위해 일하셨나요?

B _____.
전 25살 때부터 그를 위해 근무해왔습니다.

7

A _____. Does she have a boyfriend?
네 여동생 끝내주게 매력적이다. 남자친구 있니?

B Yes, she does. She's going out with her tutor.
응. 자기 과외선생님이랑 사귀는 중이야.

8

A _____.
나 배탈 난 것 같아요.

B Do you want me to take you to the hospital?
내가 병원까지 데려다 줄 까?

9

A By the time we get to the theater, _____.
우리가 영화관에 도착하게 되면, 영화는 시작해 있을 거야.

B Yeah, we should hurry up.
응, 우리 서둘러야 해.

10

A It's half past one. _____.
한 시 반이다. 나 이제 낮잠 자야 해.

B What are you, seven?
뭐야 너, 일곱 살짜리 애야?

ANSWER

1. When you get a job, we'll all celebrate | 2. Envy and wrath shorten the life | 3. Is that a hickey on your neck | 4. I'm meeting my boyfriend at 8 tonight. | 5. Isn't it awesome | 6. I have worked for him since I was 25 | 7. Your sister is all that | 8. I think I have an upset stomach | 9. the movie will have started | 10. I have to get my forty winks now

LEVEL 01
Quiz 08

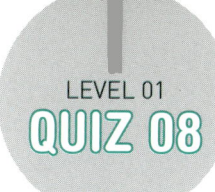

**LEVEL 01
QUIZ 08**

1. I _____ about you since you left.
   - ☐ (a) have been thinking
   - ☐ (b) was thinking

2. Let's go out and catch some _____.
   - ☐ (a) bays
   - ☐ (b) rays

3. The happiness of society is the _____ of government.
   - ☐ (a) end
   - ☐ (b) start

4. There's no parking _____ on the street.
   - ☐ (a) space
   - ☐ (b) lounge

ANSWER 1-4

(a) : 당신이 떠난 이후로 계속해서 당신 생각만 했어요. 현재완료진행 시제는 'have/has/had been + 동사-ing'의 형태를 취합니다. 과거의 시점을 기준으로 현재까지 계속 그 상황이 진행 중임을 나타낼 때 현재완료진행 시제로 말할 수 있지요.

(b) : 밖에 나가서 햇빛 쫌 쐬자. catch some rays에서 rays는 sunshine과 같은 뜻입니다. 즉, '햇빛을 쐬다'란 뜻이 되는 거죠.

(a) : 사회의 행복이 정부의 종착점이다. 미국 대통령 존 애덤스가 한 말입니다. 정부의 존재 이유는 바로 사회, 국민들의 행복(happiness)이겠죠. 그리고 그것이 달성이 된다면 굳이 정부가 필요할까요? 이 명언은 사회가 행복하다면 정부 자체가 필요 없다는 뜻을 가진 명언입니다.

(a) : 거리에 남은 주차 공간이 없어요. 빈칸 앞의 명사 parking(주차)과 어울려 쓰일 수 있는 명사는 보기 중 space(공간)입니다. 차를 댈 수 있는 '주차 공간'을 영어로 parking space라고 하지요. 참고로 여러 대의 차를 댈 수 있는 주차장은 parking lot이라고 합니다.

LEVEL 01
QUIZ 08

The poem _____ by James.
- (a) wrote
- (b) was written

The man _____ gun fire.
- (a) was killed
- (b) was killed by

I'm going to skip lunch.
I've _____ my appetite.
- (a) dropped
- (b) lost

I'm _____ here.
- (a) outta
- (b) gotta

ANSWER 5-8

(b) : 그 시는 제임스에 의해서 쓰여졌어요. 본 문장의 능동형은 James wrote the poem.입니다. 능동형의 목적어(the poem)가 문장의 주어 자리에 오게 되면 수동태 문장이 만들어지는데요, 이 때 서술어는 '~가 되다/당하다'란 수동태가 되어야 하므로 'be + 과거분사'형태로 바꿔 써줘야 한답니다.

(b) : 그 남자는 총에 맞아 죽었어요. 주어인 the man은 죽임을 당한 것이므로 서술어는 수동태인 was killed가 됩니다. 일반적으로 수동태 문장에서 행위의 주체는 문장 끝에 'by + 행위의 주체'로 표현해 주면 되지요.

(b) : 나 점심 건너뛸래요. 식욕을 잃었거든요. 빈칸 뒤의 명사 appetite(식욕)과 어울리는 동사는 보기 중 lose입니다. lose one's appetite은 '식욕을 잃다'란 뜻이지요. drop one's appetite은 적절한 영어표현이라고 볼 수 없습니다.

(a) : 나 간다. outta는 out of를 발음대로 줄여서 적은 표현입니다. want to를 wanna로, got to를 gotta로 적는 것과 같지요. 미드나 영화를 보면, 어떤 장소에 있던 주인공이 가겠다고 말할 때 I'm outta here.라고 말하는 것을 종종 볼 수 있습니다.

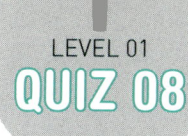

LEVEL 01
QUIZ 08

9. This house _____ by an architect named Ferguson.
- ☐ (a) built
- ☐ (b) was built

10. The truck should _____ within an hour.
- ☐ (a) be arrived
- ☐ (b) arrive

11. I got a _____ discount on this ring.
- ☐ (a) five-toe
- ☐ (b) five-finger

12. I requested a seat with plenty of leg _____.
- ☐ (a) room
- ☐ (b) spot

ANSWER 9-12

(b): 이 집은 퍼거슨이란 이름을 가진 건축가에 의해서 지어졌어. 'be동사 + 과거분사'의 형태를 취하는 수동태는 능동태와는 다르게 '주어가 ~되다(당하다)'란 뜻으로 행위의 대상이 됩니다. 본 문장에서 주어인 house는 사람에 의해서 지어지는 대상이기에 동사는 수동형인 was built가 되어야 하지요.

(b): 트럭은 1시간 내로 도착할 거예요. 목적어를 가질 수 없는 자동사는 'be동사 + 과거분사'형태의 수동태로 쓰일 수가 없습니다. 본 문장에서 arrive(도착하다)는 목적어를 가질 수 없는 자동사입니다. 비록 차 자체는 사람이 몰아서 도착해야 하지만, 동사는 arrive가 그대로 옵니다.

(b): 나 이 반지 훔쳤어. five-finger discount는 '절도, 훔치는 것'을 뜻하는 슬랭 표현입니다. 즉, get a five-finger discount on은 '~을 훔쳐서 얻다'란 뜻이 되지요. 물건을 훔칠 때는 다섯 손가락, 즉 손을 사용하는데, 손을 사용해서 할인을 얻었다는 의미니까 곧, '절도'가 되는 것이죠.

(a): 전 다리 뻗는 공간이 충분한 자리를 요청했어요. 비행기 혹은 극장에서 다리를 뻗는 공간을 가리켜 leg room이라고 합니다. 명사 room이 '공간'이란 뜻을 가지고 있기 때문이죠. spot은 공간의 개념이 아니라 '지점'이란 뜻입니다.

LEVEL 01 QUIZ 08

13. Major changes will _____ in the 21st century.
- (a) occur
- (b) be occurred

14. Your car _____ an oil change.
- (a) needs
- (b) is needed

15. In your dreams and in love there are no _____.
- (a) impossibilities
- (b) possibilities

16. Is this a motion _____ patch?
- (a) sickness
- (b) discomfort

ANSWER 13-16

(a) : 중대한 변화들이 21세기에 일어날 겁니다. 동사 occur(일어나다)는 자동사이기 때문에 'be동사 + 과거분사'의 수동태로 쓰일 수 없습니다. 본 문장의 주어인 changes(변화)는 누군가에 의해서 일어나는 행위의 대상이지만 자동사 occur는 그대로 오면 됩니다.

(a) : 네 자동차는 기름교환을 해줘야 해. 동사의 자리 뒤에 목적어로 an oil change가 있습니다. 만약 서술어가 수동태라면 뒤에 목적어가 위치할 수가 없지요. 그러므로 빈칸은 능동태 동사인 needs가 되어야 합니다.

(a) : 꿈과 사랑에 있어서 불가능이란 없다. 우리는 모두 꿈을 꾸고 사랑을 합니다. 본 문장은 이러한 꿈과 사랑에는 불가능(impossibilities)이란 없다는 뜻입니다. '간절히 원하면 이루어진다.'는 말과 일맥상통하는 명언이죠.

(a) : 이거 붙이는 멀미약 인가요? 빈칸 앞의 명사 motion과 함께 쓰이며 문맥과 어울리는 것은 보기 중 sickness(병, 메스꺼움)입니다. motion sickness는 '멀미'란 뜻이죠. motion sickness patch는 붙이는 멀미약을 칭하는 용어입니다.

Speak! Speak!

배운 문장들을 대화문으로 다시 한 번 말해봐요!

아래의 한글로 된 문장들이 영문으로 기억나세요? 앞에서 다 배웠던 문장입니다.
빈 칸에 영문을 직접 적어보고 대화문을 연습해 보세요.

1
A _____.
당신이 떠난 이후로 계속해서 당신 생각만 했어요.

B Really? You missed me that much?
정말요? 그렇게 많이 제가 그리웠던 건가요?

2
A _____.
거리에 남은 주차공간이 없어요.

B Don't worry. I know a place where we can park.
걱정하지 마. 내가 주차할 수 있을 만한 장소를 알고 있어.

Humor

Q : There are four animals that a woman needs in her life. What are they?

A : 1. A mink on her shoulder.　　2. A jaguar in the garage.
　　　3. A tiger in her bed.　　　　4. A jackass to pay for it all!

Q : 여자들의 인생에 필요한 네 가지 동물이 있어. 그것들이 뭘까?

A : 1. 그녀 어깨의 밍크.　　　　　2. 차고에 있는 재규어.
　　　3. 침대 위의 호랑이 (가죽)　　4. 그 모든 걸 사줄 멍청이!

(*언어유희 : jaguar는 유명 자동차 브랜드 / jackass는 "수탕나귀"란 뜻과 함께 속어로 "바보, 멍청이"란 뜻이 있음.)

3

A Who wrote this?
누가 이것을 쓴 거죠?

B _____.
그 시는 제임스에 의해서 쓰여졌어요.

4

A I'm going to skip lunch. _____
난 점심 건너뛸래요. 식욕을 잃었거든요.

B But you should eat something. It's not healthy to skip meals.
하지만 뭘 좀 먹어야지. 식사 건너뛰는 것은 건강에 좋지 않다고.

5

A I've had enough. _____
나 참을 만큼 참았어. 나 간다.

B Wait! You can't leave like this.
기다려! 이런 식으로 떠나면 안 되지.

6

A _____.
나 이 반지 훔쳤어.

B For real? Oh my god. This is a diamond ring, isn't it?
정말? 세상에. 이거 다이아몬드 반지지, 그렇지?

7
A: Wow, this seat is really comfortable.
와우. 이 자리 정말 편하다.

B: That's because _____.
그건 내가 다리 뻗는 공간이 충분한 자리를 요청했기 때문이야.

8
A: _____.
네 차는 기름 교환을 해줘야 해.

B: But I'm short on money this month.
하지만 이번 달 내가 돈이 좀 부족해.

9
A: Do you think I can marry her?
내가 그녀와 결혼할 수 있을 거라 생각하니?

B: Dude, _____.
친구야. 꿈과 사랑에 있어서 불가능이란 없는 거야.

10
A: _____?
이거 붙이는 멀미약인가요?

B: Yeah. It takes effect quickly.
네, 그거 효과가 빨라요.

ANSWER

1. I have been thinking about you since you left | 2. There's no parking space on the street | 3. The poem was written by James | 4. I've lost my appetite | 5. I'm outta here | 6. I got a five-finger discount on this ring | 7. I requested a seat with plenty of leg room | 8. Your car needs an oil change | 9. in your dreams and in love there are no impossibilities | 10. Is this a motion sickness patch

LEVEL 01
Quiz 09

LEVEL 01
QUIZ 09

1. We _____ about our vacation.
- ☐ (a) are excited
- ☐ (b) excites

2. The letter was sent _____ in error.
- ☐ (a) to him
- ☐ (b) him

3. My boyfriend _____ a lot in his sleep.
- ☐ (a) farts
- ☐ (b) carts

4. How long can you really _____ your breath for?
- ☐ (a) press
- ☐ (b) hold

ANSWER 1-4

(a) : 우리 방학에 들떠 있어요.   빈칸 뒤에 전치사구 about our vacation이 있을 뿐, 목적어가 없습니다. 그러므로 목적어를 필요로 하는 타동사 능동형은 서술어로 올 수가 없지요. 수동태 동사인 are excited가 정답입니다.

(a) : 그 편지는 그에게 잘못 보내졌어요.   수동태의 문장은 뒤에 목적어를 바로 받을 수가 없습니다. 그러므로 편지가 보내진 대상을 나타내기 위해서는 중간에 전치사가 들어가야 하지요. '그에게'란 말을 만들기 위해선 전치사 to가 필요합니다.

(a) : 내 남자친구는 자다가 방귀를 엄청 뀌어.   fart는 '방귀뀌다'란 뜻의 동사입니다. 참고로 배에 가스가 가득차서 방귀가 뀌고 싶은 상태는 형용사 gassy를 이용하면 됩니다. cf) Are you gassy?(방귀 나오려고 해요?)

(b) : 얼마나 오랫동안 숨을 참을 수 있으세요?   빈칸 뒤의 명사 breath와 어울려 문맥과 맞게 사용할 수 있는 동사는 보기 중 hold입니다. hold one's breath는 '숨을 참다'란 뜻을 가지고 있지요.

LEVEL 01
QUIZ 09

5. The new project will _____ on time.
- (a) finish
- (b) be finished

6. The murder case _____ by police.
- (a) is being investigated
- (b) is investigated being

7. Excuse me, can I _____ an order now?
- (a) apply
- (b) place

8. You look so _____ in that suit.
- (a) moss
- (b) fly

ANSWER 5-8

5. (b) : 새로운 프로젝트는 예정대로 완료될 겁니다. 빈칸 뒤에 전치사구 on its schedule만 있을 뿐 목적어가 없습니다. 그러므로 목적어를 필요로 하지 않는 수동태 동사 be finished가 정답으로 와야 합니다. 프로젝트는 스스로가 자신을 끝내는 것이 아닌, 누군가들에 의해서 끝내져야 하는 대상이죠.

6. (a) : 그 살인 사건은 경찰에 의해 조사되어지고 있어요. 수동태도 진행형으로 만들수 있습니다. 수동태는 'be동사 + 과거분사'의 형태를 취하는데, 진행형의 경우 둘 사이에 being을 첨가해 주어 'be동사 + being + 과거분사'로 나타내주면 되지요. 해석은 '~ 되고 있는 중이다'입니다.

7. (b) : 실례합니다. 주문해도 될까요?   빈칸 뒤의 명사 order와 어울려 쓰일 수 있는 동사는 place입니다. place an order는 '주문하다'란 뜻이죠. 그냥 간단히 order를 동사로 써서 Can I order now?라고 해도 된다는 거 참고해두세요.

8. (b) : 너 그 양복 입으니까 멋져 보여.   fly는 슬랭으로 '멋있는'이란 뜻을 가지고 있습니다. 주로 흑인 친구들이 사용하는 표현 중 하나지요. 힙합/R&B가수 Chris Brown의 히트곡 〈Run It〉 가사 중에 I look fly가 등장한답니다.

LEVEL 01
QUIZ 09

9. The man _____ two years in jail.
- (a) was sentenced to
- (b) was sentenced in

10. Can I ask you a _____ question?
- (a) fast
- (b) quick

11. Get this thing out of my _____!
- (a) crib
- (b) flip

12. The singer, *Rain*, has a great six _____.
- (a) pack
- (b) perk

ANSWER 9-12

(a) : 그 남자는 2년형을 선고 받았어요. be sentenced to는 '~의 형을 선고받다'란 뜻의 수동태 형태를 가진 동사구입니다. 전치사 to 뒤에는 선고받은 형량을 언급해 주면 되는 표현이지요.

(b) : 간단한 질문 하나 해도 될까요? 빈칸 뒤의 명사 question과 결합하여 적절한 뜻을 이루는 형용사는 보기 중 quick입니다. quick question은 '간단한 질문'이란 뜻이 되지요.

(a) : 당장 이거 우리 집에서 가지고 나가! crib은 '여물통'이란 뜻이 있지만, 속어로 '집(house)'를 뜻합니다. 주로 흑인들이 사용하는 슬랭 표현이지요.

(a) : 비는 멋진 복근을 가지고 있어. '王자 복근'을 영어로 six pack이라고 부릅니다. 보통 왕자는 6개의 구획으로 나눠지기 때문에 six pack이라고 부른답니다.

LEVEL 01
QUIZ 09

13. If I _____ a car, I would give you a ride home.
□ (a) have   □ (b) had

14. If I _____ rich, I could buy a house for my parents.
□ (a) were   □ (b) am

15. I _____ this music.
□ (a) heart
□ (b) liver

16. You're in _____ trouble. You'd better behave.
□ (a) big   □ (b) long

ANSWER 13-16

(b) : 내게 차가 있다면, 내가 널 집까지 태워다 줄텐데.   가정법 과거란 '현재의 상황을 반대로 가정'하는 것을 뜻합니다. 본 문장에서는 현재 차가 없는데 반대로 '내가 차가 있다면'이라고 가정하는 것이죠. 가정법 과거문장은 'If + 주어 + 과거동사, 주어 + would/should/could/might + 동사원형 ~'의 형태를 취한답니다.

(a) : 만일 내가 부자라면, 난 부모님을 위해서 집을 사드릴 수 있을 텐데.   현재의 사실과 반대로 가정하는 것을 가정법 과거라고 했습니다. 이때 if 절의 동사는 과거시제이어야 하는데요, 만약 동사가 be동사일 경우, 주어에 관계없이 were로 통일해 주어야 합니다.

(a) : 나 이 음악을 완전 사랑해.   heart는 슬랭표현으로 '사랑하다'란 뜻을 가지고 있습니다. 보통 heart를 그리라고 하면 ♥ 표시를 그리는 데서 착안해 젊은이들이 heart를 love와 같은 의미로 사용하고 있지요.

(a) : 너 큰일 났어. 얌전히 행동하는 게 좋을 거야.   빈칸 뒤의 명사 trouble과 함께 쓰이며, 문맥상 어울리는 형용사는 big입니다. in big trouble은 '큰 문제에 빠진, 큰일에 빠진'이란 뜻으로 사용되는 표현이지요.

배운 문장들을 대화문으로 다시 한 번 말해봐요!

아래의 한글로 된 문장들이 영문으로 기억나세요? 앞에서 다 배웠던 문장입니다.
빈 칸에 영문을 직접 적어보고 대화문을 연습해 보세요.

1
A Do you know who sent Jack the love letter?
너 누가 잭에게 연애편지를 보낸 건지 알고 있니?

B Well, _____.
음, 그 편지는 그에게 잘못 보내졌어요.

2
A _____. It really stinks.
내 남자친구는 자다가 방귀를 엄청 껴. 냄새가 정말 지독해.

B So does my boyfriend.
내 남자친구도 그래.

Humor

Man : God, I want to know why you made women so beautiful.
God : So you would love them.
Man : But God, there's one thing I don't understand.
　　　Why did you make them so dumb?
God : So they would love you.

Man : 하나님, 왜 하나님께서 여자들을 그렇게 아름답게 만드신 건지 알고 싶어요.
God : 그래야 네가 여자들을 사랑하지.
Man : 하지만, 하나님. 이해할 수 없는 게 하나 있어요.
　　　왜 여자들을 그렇게 멍청하게 만드셨죠?
God : 그래서 그들이 널 사랑해 주지.

3

A _____.
새로운 프로젝트는 예정대로 완료될 겁니다.

B Oh, that's something I wanted to hear.
아, 그게 제가 듣던 말입니다.

4

A _____.
너 그 양복 입으니까 멋져 보여.

B Thanks. My girlfriend bought this for me.
고마워. 내 여자친구가 사준 거야.

5

A How did the trial go?
재판은 어떻게 됐나요?

B _____.
그 남자는 2년형을 선고 받았어요.

6

A _____?
간단한 질문 하나 해도 될까요?

B Sure. Go ahead.
물론이죠. 말해 봐요.

7

A _____.
비는 멋진 복근을 갖고 있어.

B I have a six pack, too. Wanna see mine?
나도 복근 있어. 보고 싶니?

8
A _____.
만일 내가 부자라면, 난 부모님을 위해서 집을 사드릴 수 있을 텐데.

B Oh, you're a very good son. I'm sure you can be rich someday.
아, 너 정말 좋은 아들이구나. 언젠가 네가 부자가 될 수 있을거라고 난 확신해.

9
A _____.
나 이 음악을 완전 사랑해.

B Me, too. It makes me want to shake my booty.
나도 그래. 이 음악은 날 신나게 춤추고 싶게 만들어.

10
A _____. You'd better behave.
너 큰일났어. 조심히 행동하는 게 좋을거야.

B What? What did I do wrong?
뭐? 내가 뭘 잘못했는데?

ANSWER

1. the letter was sent to him in error | 2. My boyfriend farts a lot in his sleep | 3. The new project will be finished on time | 4. You look so fly in that suit | 5. He was sentenced to two years in jail | 6. Can I ask you a quick question | 7. The singer, *Rain*, has a great six pack | 8. If I were rich, I could buy a house for my parents | 9. I heart this music | 10. You're in big trouble

LEVEL 01
Quiz 10

LEVEL 01
QUIZ 10

1. If they _____ earlier, they might have gotten better seats.
- ☐ (a) arrived
- ☐ (b) had arrived

2. If she had studied harder, she _____ the exam.
- ☐ (a) would pass
- ☐ (b) would have passed

3. I saw him in his birthday _____.
- ☐ (a) suit
- ☐ (b) glove

4. Nobody _____ the silence in the room.
- ☐ (a) slapped
- ☐ (b) broke

ANSWER 1-4

(b) : 그들이 더 일찍 도착했었다면, 그들은 더 나은 자리를 얻었을 지도 몰라. 가정법 과거완료란 '과거의 상황을 반대로 가정하는 것'을 뜻합니다. 본 문장에서는 그들이 일찍 도착하지 않았는데 반대로 '일찍 도착했었다면'이라고 가정하는 것이죠. 가정법 과거완료 문장은 'If + 주어 + had p.p, 주어 + would/should/could/might + have p.p'의 어순이죠.

(b) : 그녀가 더 열심히 공부했었다면, 그녀는 시험을 통과했었을텐데. 과거의 사실과 반대로 가정하는 것을 가정법 과거완료라고 했습니다. 이때 주절의 동사는 '과거조동사 + have p.p'형태여야 하죠.

(a) : 난 그가 벗거벗은 모습을 봤어. birthday suit은 '알몸'을 의미합니다. 왜냐하면 태어난 날이 생일(birthday)이고 우리는 태어날 때 발가벗은 채로 나오기 때문이죠.

(b) : 그 누구도 방 안에서의 침묵을 깨지 않았어요. 빈칸 뒤에 위치한 명사 silence(침묵)와 함께 어울려 쓰일 수 있는 동사는 break입니다. break the silence는 '침묵을 깨다' 란 뜻이죠. slap은 단순히 '찰싹 때리다'란 뜻입니다.

LEVEL 01
QUIZ 10

5. If you _____ any problems, please don't hesitate to contact us.
- ☐ (a) had had
- ☐ (b) should have

6. If I were to go to college again, I _____ do many things differently.
- ☐ (a) will
- ☐ (b) would

7. Guys, let's take a lunch _____ .
- ☐ (a) break
- ☐ (b) pause

8. They're having a _____ tonight with lots of food.
- ☐ (a) bash
- ☐ (b) lash

ANSWER 5-8

(b) : 어떠한 문제라도 생기면, 망설이지 말고 저희에게 연락주세요. 'if + 주어 + should + 동사원형, 명령문' 형태의 문장은 가정법 미래의 한 형태로 어떤 문제가 발생하거나 혹은 도움을 필요로 할 때 해결책을 제시해 주는 표현으로 사용됩니다.

(b) : 내가 대학에 다시 가게 된다면, 많은 것들을 새로이 해볼 거야. if 절의 동사가 'were to + 동사원형'인 형태는 가정법 미래의 문장입니다. 이는 미래에 있음직한 일을 대비하거나 혹은 일어날 가능성이 거의 없는 미래의 상황을 가정할 때 쓰이지요. 이 때 주절의 동사는 'would/should/could/might + 동사원형'의 형태가 되어야 합니다.

(a) : 얘들아, 점심시간 갖자. 빈칸 앞의 명사 lunch와 함께 쓰여 '점심시간'을 나타내는 명사는 break입니다. break는 보통 짧은 시간의 휴식을 나타내지요. 반면, pause는 '중지, 중단'이란 뜻으로 lunch와는 어울려 사용되지 않습니다.

(a) : 그들은 오늘 밤 많은 음식을 가지고 큰 파티를 열거야. bash는 슬랭으로 '큰 파티(large party)'를 뜻합니다. 예를 들어, 할로윈 파티는 Halloween Bash라고 할 수 있습니다.

LEVEL 01
QUIZ 10

9. _____ rich, I would travel around the world.
- (a) Were I
- (b) If I

10. _____ followed her advice, we would not have failed.
- (a) Had we
- (b) If we

11. My working _____ are from 9 a.m. to 6 p.m.
- (a) terms
- (b) hours

12. I got a _____ right on the tip of my nose.
- (a) zit
- (b) zip

ANSWER 9-12

(a) : 내가 부자라면, 난 전 세계를 여행할 텐데. be동사가 문장에서 쓰여야 할 경우, were를 동사로 쓰는 가정법 과거는 종종 if가 생략되고 were가 문장의 맨 앞에 위치할 수 있습니다. 즉, if가 생략되며 주어와 동사가 도치되어 버리는 거죠. 이를 문법에서는 if가 없는 가정법이라고 부릅니다.

(a) : 우리가 그녀의 조언을 따랐었다면, 우리 실패하지 않았을 거야. 가정법 과거완료의 문장은 if를 생략하고, if절의 서술어 had + p.p에서 had가 주어 앞으로 나오는 도치가 일어나는 경우가 있습니다. 즉, If we had followed her advice가 Had we followed her advice로 바뀔 수 있는 거죠.

(b) : 제 근무시간은 오전 9시부터 오후 6시까지예요. working과 함께 어울려 쓸 수 있는 명사는 hours입니다. working hours는 '근무 시간'을 뜻하지요. term은 보통 장기간에 걸친 기간을 의미할 때 사용되지요.

(a) : 나 바로 코 끝에 여드름이 났어. zit은 '여드름'을 뜻하는 표현입니다. 여드름을 뜻하는 단어로 pimple과 acne도 같이 외워두세요.

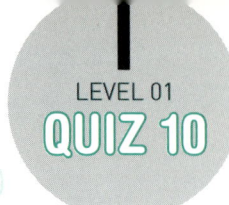

13. I wish I _____ her boyfriend.
- (a) am
- (b) were

14. I wish I _____ this website years ago.
- (a) found
- (b) had found

15. It's no _____. Not a big deal at all.
- (a) biggie
- (b) piggy

16. We should _____ a test on the machine tonight.
- (a) run
- (b) drive

ANSWER 13-16

(b) : 내가 그녀의 남자친구라면 좋을 텐데. I wish 가정법은 현재 상황의 반대를 가정할 때 사용합니다. 'I wish + 주어 + 과거동사'의 형태를 취하지요. be동사의 과거형은 가정법에선 were를 씁니다.

(b) : 내가 이 웹사이트를 수년 전에 알았었다면 좋을텐데. I wish의 가정법은 과거 상황의 반대를 가정할 때도 사용할 수 있습니다. 단, 이때는 'I wish + 주어 + had p.p'의 형태를 취해야 하지요. 본 문장에서는 years ago(수년 전에)를 붙여 그 시점이 과거의 일임을 말하고 있으므로 had found가 적절합니다.

(a) : 그거 큰일 아냐. 별거 아니라니까. biggie는 무언가 '큰 일, 중대한 일'을 뜻하는 표현입니다. 무언가를 걱정하는 상대방에게 그건 별일이 아니라는 의미로 No biggie./It's no biggie. 라고 말할 수 있지요.

(a) : 우리 오늘 밤 그 기계를 검사해봐야 해요. run a test는 '검사하다'란 뜻이 되지요. run과 관련한 숙어로 'run a business(사업을 하다)'도 꼭 같이 기억해 두세요.

배운 문장들을 대화문으로 다시 한 번 말해봐요

아래의 한글로 된 문장들이 영문으로 기억나세요? 앞에서 다 배웠던 문장입니다.
빈 칸에 영문을 직접 적어보고 대화문을 연습해 보세요.

1
A _____.
그녀가 더 열심히 공부했었더라면, 그녀는 시험을 통과했었을 거야.

B Yeah, but what's done is done.
그래, 하지만 이미 지나간 일이지 뭐.

2
A _____.
난 그가 벌거벗은 모습을 봤어.

B Really? Did he have a killer body?
정말? 몸매가 끝내주던?

Humor

Q : Why are Saturday and Sunday strong days?
A : Because they are not weakdays!

Q : 왜 토요일과 일요일은 강한 날들일까?
A : 왜냐면 그것들은 약한 날들이 아니잖아!

(* 언어유희 : weekdays(주중)가 weak days(약한 날들)처럼 들림)

3
A _____.
어떠한 문제라도 생기면, 망설이지 말고 저희에게 연락주세요.

B Okay. Thanks for your help.
알겠습니다. 도와주셔서 감사해요.

4
A Guys, _____.
얘들아, 점심시간 갖자.

B Great. What do you feel like having today?
좋지. 넌 오늘 뭐 먹고 싶니?

5
A _____.
그들은 오늘 밤 많은 음식을 가지고 큰 파티를 열거야.

B What time is the party?
파티 몇 시에 하니?

6
A How long do you work each day?
하루에 얼마나 일해요?

B _____.
제 근무시간은 오전 9시부터 오후 6시까지예요.

7
A _____.
나 바로 코 끝에 여드름이 났어.

B Oh, that must hurt. Why don't you just squeeze it?
아, 아프겠다. 그냥 짜버리는 게 어때?

8
A _____.
내가 그녀의 남자친구라면 좋을 텐데.

B It could never happen.
그런 일은 절대로 없을 거야.

9
A The address is cafe.naver.com/ispeakenglish.
주소는 cafe.naver.com/ispeakenglish 야.

B Cool. _____.
멋진 걸. 내가 이 웹사이트를 수년 전에 알았었다면 좋을 텐데.

10
A Are you really okay with him marrying your ex-wife?
너 정말 그가 네 전 부인하고 결혼하는 거 괜찮은 거니?

B Yeah, _____. No big deal at all.
응, 그거 큰일 아냐. 별거 아니라고.

ANSWER

1. If she had studied harder, she would have passed the exam | 2. I saw him in his birthday suit |
3. If you should have any problems, please don't hesitate to contact us | 4. Let's take a lunch break |
5. They're having a bash tonight with lots of food | 6. My working hours are from 9 a.m. to 6 p.m. |
7. I got a zit right on the tip of my nose | 8. I wish I were her boyfriend | 9. I wish I had found this website years ago | 10. it's no biggie

LEVEL 01
Quiz 11

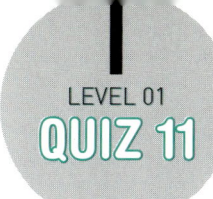

LEVEL 01
QUIZ 11

1. It's high time you _____ home.
- (a) will go
- (b) went

2. Has the position been _____ yet?
- (a) filled
- (b) met

3. The movie was a _____ hit.
- (a) smash
- (b) crash

4. There's a _____ tag on the shirt.
- (a) cost
- (b) price

ANSWER 1-4

(b) : 너 집에 가야할 때야. 'It's (high) time + 주어 + 과거동사 ~'의 형태는 It's (high) time 가정법이라고 합니다. '~해야 할 때이다'란 해석으로, 현재 상황의 반대를 가정해서 말하는 가정법이지요. 본 문장에서는 상대방이 아직 집에 안 갔기 때문에 그 반대의 상황인 '집에 갔다'로 문장을 만들어 말하는 표현 방식이지요.

(a) : 그 자리 충원되었나요? 수동태이다 보니 명사 position이 의문문의 주어자리에 위치해 있습니다. position과 함께 어울려 쓰일 수 있는 동사는 보기 중 fill로 fill a position은 '충원하다, 자리를 채우다'란 뜻이 되지요.

(a) : 그 영화는 흥행에 대성공했어. 빈칸 뒤의 명사 hit와 어울리며 문맥상 적절한 것은 보기 중 smash입니다. smash는 '대흥행, 대성공'이란 뜻을 가지고 있죠. hit과 crash는 함께 사용되지 않습니다.

(b) : 셔츠 위에 가격표가 붙어있어요. 옷 등에 붙여 놓는 '가격표'는 영어로 price tag이라고 합니다. cost tag은 적절치 못한 표현이죠.

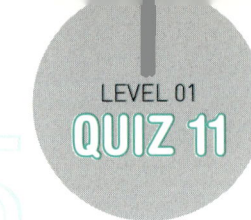

LEVEL 01
QUIZ 11

We want _____ a room for four people.
- [ ] (a) reserve
- [ ] (b) to reserve

My mission is _____ people hope.
- [ ] (a) to give
- [ ] (b) give

I'm so _____ about the party.
- [ ] (a) psyched
- [ ] (b) psychic

The audience gave him a standing _____.
- [ ] (a) ovation
- [ ] (b) sensation

ANSWER 5-8

(b) : 저희는 4인실을 예약하길 원합니다.   'to + 동사원형'의 형태인 to부정사는 특정한 품사가 정해져 있지 않고, 문장에서 동사 역할이 아니라 명사, 형용사 혹은 부사 역할을 합니다. 본 문장에서는 동사 want(원하다)의 목적어로 to부정사가 사용되고 있으며, 이때 해석은 '~하기, ~하는 것'이 됩니다.

(a) : 제 임무는 사람들에게 희망을 주는 거예요.   be동사 is 뒤에 위치한 빈칸은 문장에서 주격보어의 자리입니다. 동사원형 그대로는 위치할 수 없지만, to부정사를 취하게 되면 '~하는 것/~하기'라는 명사역할을 할 수 있기에 문장에서 주격보어로 쓰일 수가 있지요. 정답은 to give입니다.

(a) : 난 그 파티 때문에 굉장히 신이 나.   psyched는 무언가로 인해서 '굉장히 신이 난, 흥분되는'이란 뜻으로 사용됩니다. 반면, psychic은 '심령의'란 뜻으로 본 문장과는 어울리지 않는 어휘입니다.

(a) : 청중은 그에게 기립박수를 보내주었어요.   ovation은 명사로 '박수 갈채'를 뜻합니다. 즉, standing ovation은 서서 치는 박수인 '기립박수'를 뜻하는 표현이지요. sensation은 '감동, 감흥'이란 뜻으로 standing과 함께 어울려 쓰이지 않습니다.

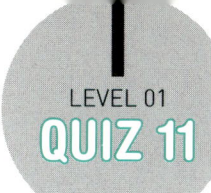

LEVEL 01
QUIZ 11

9. She told me _____ the report by 6.
- ☐ (a) submit
- ☐ (b) to submit

10. We have a plane _____.
- ☐ (a) catch
- ☐ (b) to catch

11. Jessica only goes out with _____.
- ☐ (a) jocks
- ☐ (b) ducks

12. Juvenile delinquency is a _____ issue in Australia.
- ☐ (a) thorny   ☐ (b) horny

ANSWER 9-12

(b) : 그녀는 저에게 6시까지 보고서를 제출하라고 말했어요.   동사 tell은 '주어 + 동사 + 목적어 + 목적격보어'의 5형식 문장에서 동사로 쓰일 경우, 목적격보어 자리에 to부정사를 필요로 합니다. 해석상 '~에게 ~ 하라고 말하다'가 되지요.

(b) : 저희는 타야 할 비행기가 있어요.   to부정사는 명사를 수식해 주는 형용사 역할을 할 수 있습니다. 단, 진짜 형용사처럼 명사의 앞에 위치하는 것이 아니라 명사의 뒤에 위치한 뒤에서 수식을 해주지요. 그러므로 이 때 to부정사는 '~할'로 해석이 됩니다.

(a) : 제시카는 운동부 애들하고만 데이트를 해.   영화나 미드를 보면 운동부 소속으로 덩치도 좋고 치어리더들과 데이트를 즐기는 남학생들이 나옵니다. 영화 속에서 이런 애들은 보통 공부는 뒷전이고, 성격은 좋지않죠. 이런 애들을 가리켜서 속어로 jock이라고 부릅니다.

(a) : 청소년 비행은 호주에서 매우 까다로운 문제이다.   빈칸 뒤의 명사 issue(문제)와 함께 쓰이며 문맥상 어울리는 것은 thorny(어려운, 까다로운)입니다. 무언가 다루기 까다로운 사안을 말할 때 영어로 thorny issue라고 하지요. horny는 '성적으로 흥분한'이란 뜻으로 본 문장과 어울리지 않습니다.

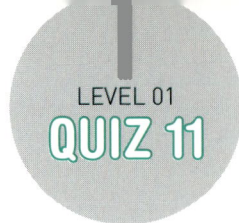

LEVEL 01
QUIZ 11

13. I'm going to Australia _____ my mom.
- ☐ (a) see
- ☐ (b) to see

14. I pretended _____ anything about him.
- ☐ (a) know not
- ☐ (b) not to know

15. Please dial 0 to get an outside _____.
- ☐ (a) lane
- ☐ (b) line

16. James drank too much. He's gonna _____.
- ☐ (a) puke
- ☐ (b) nuke

ANSWER 13-16

(b) : 나 엄마를 보러 호주에 갈 예정이야.   to부정사는 문장에서 마치 부사처럼 목적, 이유, 결과 등을 나타낼 수 있습니다. 본 문장에서처럼 to부정사가 동사 go(가다)를 수식하면서 호주로 가는 목적이 '엄마를 보기 위해서(to see my mom)'라고 언급해 줄 수 있는 거죠.

(b) : 전 그에 대해서 아무것도 모르는 척 했어요.   to부정사의 부정형은 to 앞에 not을 붙이면 됩니다. 즉, pretend to know는 '아는 척 하다' 이지만, pretend not to know는 '알지 못하는 척 하다'가 되는 거죠.

(b) : 외부로 전화를 거시려면 0번을 누르세요.   0번을 누르는 행위와 연관시켜 생각해 볼 수 있는 것은 문맥상 '외부로 가는 전화'입니다. 빈칸 앞의 형용사 outside와 어울려 이러한 뜻을 만들어내는 명사는 바로 line(전화, 전화선)이죠.

(a) : 제임스는 술을 너무 많이 마셨어. 토하려고 할 거야.   puke는 동사로 '토하다'란 뜻이죠. 반면, nuke는 '전자레인지로 돌리다'란 뜻을 가진 슬랭입니다. 술을 많이 마셨다는 것에서 유추할 수 있는 정답은 (a)지요. '토하다'라는 뜻을 가진 vomit/throw up도 같이 알아두세요.

배운 문장들을 대화문으로 다시 한 번 말해봐요!

아래의 한글로 된 문장들이 영문으로 기억나세요? 앞에서 다 배웠던 문장입니다.
빈 칸에 영문을 직접 적어보고 대화문을 연습해 보세요.

1
A _____.
너 집에 가야할 때야.

B Yeah, I know. Are the buses still running?
응, 나도 알아. 아직 버스가 다니니?

2
A _____?
그 자리 충원되었나요?

B Unfortunately, yes.
유감스럽게도 충원됐습니다.

Humor

A : A man was injected with a fatal poison, but it didn't kill him. Do you know why?
B : I don't know. Maybe he was strong?
A : Wrong. Because he was already dead!

A : 한 남자가 치명적인 독주사를 맞았어. 근데 그건 그를 죽이지 않았지. 이유를 알아?
B : 모르겠어. 그가 강했기 때문인가?
A : 틀렸어. 이미 죽어있었기 때문이야!

3
A _____. You should see it.
그 영화는 흥행에 대성공했어. 너 꼭 봐야 해.

B Is the movie still running at the Hoyts theater?
그 영화 아직도 호이츠 극장에서 상영하고 있니?

4
A _____.
저희는 4인실을 예약하길 원합니다.

B Okay. How long would you like to stay?
알겠습니다. 얼마나 오래 머무르실 건가요?

5
A _____.
난 그 파티 때문에 굉장히 신이 내

B Me, too. I just can't wait!
나도 그래. 기다릴 수가 없다니깐!

6
A _____.
청중은 그에게 기립박수를 보내주었어요.

B Yeah, I saw it. It was really touching.
응, 나도 봤어요. 정말로 감동적이었죠.

7
A _____.
그녀는 제게 6시까지 보고서를 제출하라고 말했어요.

B Then, you must be very busy right now.
그러면 지금 굉장히 바쁘시겠군요.

8
A _____.
제시카는 운동부 애들하고만 데이트를 해.

B She's a school cheerleader. What do you expect?
걘 학교 치어리더잖아. 뭘 기대하는 거니?

9
A _____.
나 엄마를 보러 호주에 갈 예정이야.

B Good for you! Have you already bought your tickets?
잘됐다! 벌써 표는 구입한 거니?

10
A Did the police ask you about him?
경찰이 그에 관해서 너에게 물었니?

B Yeah, but _____.
응, 하지만 난 그에 관해서 아무것도 모르는 척 했어.

ANSWER

1. It's high time you went home | 2. Has the position been filled yet | 3. The movie was a smash hit | 4. We want to reserve a room for four people | 5. I'm so psyched about the party | 6. The audience gave him a standing ovation | 7. She told me to submit the report by 6 | 8. Jessica only goes out with jocks | 9. I'm going to Australia to see my mom | 10. I pretended not to know anything about him

QUIZ SHOW
LEVEL 02

LEVEL 02
Quiz 01

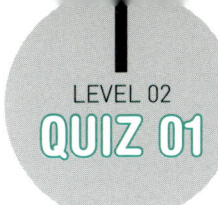

LEVEL 02
QUIZ 01

1. I decided _____ a cell phone from the shop.
- ☐ (a) to not buy
- ☐ (b) not to buy

2. They need _____.
- ☐ (a) to be rescued
- ☐ (b) to being rescued

3. Stop _____ me! Just go away!
- ☐ (a) eyeballing
- ☐ (b) snowballing

4. Stop _____ excuses for your Internet marketing failures.
- ☐ (a) making
- ☐ (b) bringing

ANSWER 1-4

(b) : 난 그 상점에서 휴대폰을 사지 않기로 결정했어. 빈칸은 동사 decide(결정하다)의 목적어 자리입니다. to부정사는 '명사'역할을 하기에 문장에서 목적어 자리에 올 수 있지요. to부정사의 부정형은 'not to + 동사원형'이며 해석은 '~하지 않는 것/~하지 않기'입니다.

(a) : 그들은 구출될 필요가 있어요. 타동사들은 'be동사 + 과거분사' 형태의 수동태로 나타낼 수 있습니다. 그러므로 to부정사 역시 수동태 형태로 표현해 줄 수 있지요. 이때 형태는 'to + be동사 + 과거분사'입니다. to rescue는 '구출하는 것/구출하기'이지만, to be rescued는 '구출되는 것/구출되어지기'가 되죠.

(a) : 그만 나 노려봐. 그냥 가 버려! eyeball은 명사로는 '눈알, 안구'를 뜻하는 단어지만, 동사로는 '노려보다, 째려보다'란 뜻이 있습니다. 상대방이 기분 나쁘게 날 노려보거나 째려보면 인상 팍 쓰고 'Are you eyeballing me?(너 나 째려보는 거야?)'라고 물어보세요. 단, 뒷일은 감당 못합니다.

(a) : 인터넷 마케팅 실패에 대해 변명 좀 그만해. excuse는 '변명'이란 뜻이고, 동사 make와 함께 쓰여 make an excuse라고 하면 '변명하다'란 뜻이 됩니다.

103

LESSON 02
QUIZ 01

5. John seems _____ in the kitchen.
- (a) to cooking
- (b) to be cooking

6. I'm sorry _____ you waiting.
- (a) to have kept
- (b) having kept

7. Jack plans to _____ four courses during the semester.
- (a) spend
- (b) take

8. I _____ some popcorn and watched 〈Prison Break〉.
- (a) nuked
- (b) lulled

ANSWER 5-8

(b) : 좋은 부엌에서 요리를 하고 있는 것으로 보여요. 동사들은 'be동사 + ~ing'의 진행형의 시제로 나타낼 수 있습니다. 그러므로 동사가 들어가는 to부정사 역시 진행형으로 표현해 줄 수 있지요. 이 때 형태는 'to + be동사 + ~ing'가 되지요. 요리를 하는 동작이 진행 중인 상황임을 알려줍니다.

(a) : 너를 기다리게 해서 미안해. to부정사는 'to + have + 과거분사'의 완료형으로 나타내면, to부정사를 포함한 이하 내용의 시제는 전체 문장의 시제보다 이전이 됩니다. 본 문장에서처럼 내가 미안한 건 현재의 일이지만, 널 기다리는 상태로 놔 둔 것은 그 이전부터의 일이므로 to have kept가 되는 겁니다.

(b) : 잭은 학기동안 4과목을 들을 계획이에요. to부정사의 뒤에 위치한 명사는 course(수업, 과정)입니다. 학교의 수업을 의미하는 단어들에는 course 이외에, class와 lesson도 있는데요, 이들은 모두 동사 take를 취하죠. take a course는 '수업을 듣다'란 뜻이 됩니다.

(a) : 난 팝콘을 전자레인지에 좀 돌려놓고 〈프리즌 브레이크〉를 봤어. nuke는 음식을 '전자레인지로 돌리다'란 뜻을 가진 슬랭입니다. 반면, lull은 어린아이를 '달래다, 어르다'란 뜻으로 본 문장과는 어울리지 않는 동사이지요.

LESSON 02
QUIZ 01

9. The purpose of this meeting is _____ your questions.
- [ ] (a) for the staff to answer
- [ ] (b) by the staff to answer

10. There's no _____ at this party tonight.
- [ ] (a) booze
- [ ] (b) loose

11. What's the speed _____ on Highway 102?
- [ ] (a) limit
- [ ] (b) deadline

12. By _____ we come at truth.
- [ ] (a) doubting
- [ ] (b) accepting

ANSWER 9-12

(a) : 이 회의의 목적은 저희가 여러분의 질문에 대답해 드리는 겁니다. to부정사의 행위 주체가 문장의 주어와 다른 경우 to부정사의 의미상의 주어가 필요합니다. 본 문장에서처럼 대답을 하는 주체는 주어인 the purpose가 아니라 사람인 the staff입니다. to부정사의 의미상의 주어는 to부정사 앞에 'for + (대)명사'의 형태로 오면 되지요.

(a) : 오늘 밤 이 파티에 술은 없어. booze는 '술'을 뜻합니다. 어느 특정 술을 지칭하는 것이 아니라 모든 종류의 술들을 가리켜 booze라고 할 수 있지요. 참고로 술을 칭하는 속어로 'antifreeze(술과 음료를 섞어만든 것)'도 같이 알아 두세요.

(a) : 102번 고속도로에서의 제한속도가 어떻게 되나요? speed limit은 '제한속도'라는 뜻으로 문맥에 가장 적절한 표현입니다. deadline은 서류나 숙제 등을 제출해야 하는 '마감 기한'을 의미하므로 speed와 함께 어울려 쓰이지 않습니다.

(a) : 의심함으로써 우리는 진리에 도달한다. 진실을 얻기 위해서는 그것이 옳은지에 대해서 끊임없이 의심하고 질문을 던져야 합니다. 단순히 받아들이기만 해서는 안 되겠죠. '의심하다'는 동사 doubt를 쓸 수 있고, 전치사 by 뒤에 위치하여 동명사 형태를 취해야 합니다.

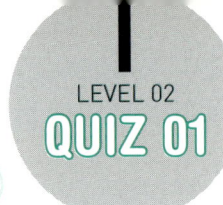

LEVEL 02
QUIZ 01

13. _____ English is terribly difficult.
- (a) Study
- (b) Studying

14. My girlfriend loves _____ coffee in the morning.
- (a) drink
- (b) drinking

15. I'm still suffering from jet _____.
- (a) lag
- (b) drag

16. Where's the bathroom? I have to take a _____.
- (a) lizard
- (b) whiz

ANSWER 13-16

(b) : 영어를 공부하는 것은 끔찍할 정도로 어려워. 동명사는 문장에서 동사가 아닌 명사역할을 합니다. '~하는 것/~하기'로 해석되죠. 즉, 문장의 주어, 목적어, 보어 자리에 위치할 수 있지요. 비록 동명사가 더 이상 동사는 아니지만 동사의 성질은 그대로 남아 있어서 동사-ing 뒤에는 목적어나 보어, 부사 등이 붙을 수가 있습니다.

(b) : 내 여자 친구는 아침에 커피 마시는 거 완전 좋아해. 문장에서 동사 역할을 하는 love 뒤에 빈칸이 있으므로 목적어가 와야 합니다. 동사 drink는 목적어 역할을 할 수 없지요. 그러므로 동명사인 drinking이 정답입니다.

(a) : 전 아직도 시차로 인한 피로로 고생하고 있어요. jet lag는 '시차로 인한 피로'를 뜻하는 표현입니다. drag는 속어로 '별로 내키지 않는 일, 어려움'을 뜻하는데, jet과는 어울리지 않습니다.

(b) : 화장실이 어디지? 나 오줌 싸야 해. take a whiz는 속어로 '볼일 보다'란 뜻이 있습니다. 이 외에도 비슷한 뜻을 가진 표현에는 take a leak/take a piss/pee/urinate 등이 있으니 같이 기억해 두세요.

Speak! Speak!

배운 문장들을 대화문으로 다시 한 번 말해봐요!

아래의 한글로 된 문장들이 영문으로 기억나세요? 앞에서 다 배웠던 문장입니다.
빈 칸에 영문을 직접 적어보고 대화문을 연습해 보세요.

1

A _____.
난 그 상점에서 휴대폰을 사지 않기로 결정했어.

B Why? Any specific reason?
왜? 어떤 구체적인 이유라도 있니?

2

A _____! Just go away!
그만 나 노려봐. 그냥 가 버려.

B Okay. Just chill.
알았어. 진정하라고.

Humor

A : How do you count a herd of cattle?
B : With a cow~cul~ator.

A : 소떼를 어떻게 세야 할까?
B : 계~으~산기로.

(* 언어유희 : calculator(계산기) → cow + calculator → cowculator라고 비슷하게 발음하는 데서 착안)

3

A What's John doing in the house?
존은 집에서 뭘 하고 있는 거지?

B _____ .
존은 부엌에서 요리를 하고 있는 것 같아요.

4

A _____ .
널 기다리게 해서 미안해.

B That's all right. So, where shall we go?
괜찮아요. 그럼, 우리 어디로 갈까요?

5

A What did you do last night?
너 어제 밤에 뭐했니?

B _____ and watched ⟨*Prison Break*⟩.
난 팝콘을 전자레인지에 좀 돌려놓고 〈프리즌 브레이크〉를 봤어.

6

A _____ .
오늘 밤 이 파티에 술은 없어.

B What? No booze? Then, it's not a party.
뭐? 술이 없다고? 그러면 그건 파티가 아니지.

7

A _____ ?
102번 고속도로에서의 제한속도가 어떻게 되나요?

B 50 mph(=miles per hour), I guess.
50마일 일거야.

8
A _____.
내 여자 친구는 아침에 커피 마시는 거 완전 좋아해.

B So does my girlfriend. She loves Starbucks.
내 여자 친구도 그래. 내 여자 친구는 스타벅스를 완전 좋아하거든.

9
A Why are you sleeping all day?
너 왜 하루 종일 자는 거야?

B Well, _____.
음, 전 아직도 시차로 인한 피로로 고생하고 있어요.

10
A Where's the bathroom? _____.
화장실이 어디지? 나 오줌 싸야 해.

B It's at the end of the aisle.
통로 끝에 있어.

ANSWER

1. I decided not to buy a cell phone from the shop | 2. Stop eyeballing me | 3. John seems to be cooking in the kitchen | 4. I'm sorry to have kept you waiting | 5. I nuked some popcorn | 6. There's no booze at this party tonight | 7. What's the speed limit on Highway 102 | 8. My girlfriend loves drinking coffee in the morning | 9. I'm still suffering from jet lag | 10. I have to take a whiz

LEVEL 02
Quiz 02

LEVEL 02
QUIZ 02

1. The company depends on _____ old marketing methods.
- (a) use
- (b) using

2. She regretted _____ the opportunity.
- (a) taking not
- (b) not taking

3. You owe me _____ time.
- (a) big
- (b) large

4. Do you prefer a window seat or an _____ seat?
- (a) border
- (b) aisle

ANSWER 1-4

(b) : 그 회사는 오래된 마케팅 방법을 사용하고 있어요. for, on, in 등의 전치사 뒤에는 동사가 올 수 없고, 명사가 와야 합니다. 물론 use는 명사로 '사용'이란 뜻도 있지만, 빈칸 뒤에 목적어가 붙고 있기 때문에, 빈칸은 동명사 using이 와야 합니다.

(b) : 그녀는 그 기회를 잡지 않은 것을 후회했어요. 빈칸은 동사 regret(후회하다)의 목적어 위치이며, 빈칸 뒤에 목적어로 the opportunity를 달고 있으므로 동명사가 와야 합니다. 그리고 이러한 동명사의 부정형은 동명사 앞에 not을 붙여 주면 되지요. to부정사 앞에 not을 붙여주는 것과 같은 원리입니다.

(a) : 너 나한테 크게 빚진 거야. big time은 영어로 extremely 혹은 important 정도로 해석될 수 있는 표현입니다. 보통 어떤 문장을 말하고 그 뒤에 big time! 이라고 말하면 그 정도가 굉장히 크다는 것을 나타내는 표현이 되는 거죠.

(b) : 창문 쪽 좌석이 좋으세요, 아니면 통로 쪽 좌석이 좋으세요? 비행기에서의 통로 쪽 좌석을 영어로 aisle seat이라고 합니다. aisle이 '통로, 복도'를 뜻하기 때문이죠. window seat과 aisle seat은 여행 시 꼭 기억해 두세요.

LESSON 02
QUIZ 02

5. I hate _____ like a child.
- (a) be treated
- (b) being treated

6. I apologize for _____ your birthday.
- (a) have forgetting
- (b) having forgotten

7. We're going to throw him a _____ party.
- (a) farewell
- (b) leave

8. Don't worry. The company will _____ the bill.
- (a) foot
- (b) arm

ANSWER 5-8

(b) : 난 애 취급 받는 게 싫어.   빈칸은 동사 hate의 목적어 자리로 동명사가 와야 합니다. 문맥상 '아이처럼 다뤄지는 것' 즉, 동명사가 수동태로 표현이 되어야 하는데요. 동명사의 수동형은 'being + 과거분사'입니다. 즉 hate의 목적어로 treating이 아니라 being treated가 와야 하는 거죠.

(b) : 네 생일을 잊어버린 것 사과할게.   사과를 하는 건 현재시점이지만, 사과의 내용인 '너의 생일을 잊어버린 것'은 그 이전의 시점입니다. 이런 경우 동명사는 완료형으로 표현해 주어야 하죠. 동명사의 완료형은 'having + 과거분사'의 형태를 취해주면 되지요.

(a) : 우리는 그에게 송별회를 해줄 겁니다.   farewell은 '작별'이란 뜻이죠. 즉, farewell party는 '이별 파티, 송별회'를 뜻합니다. 반면, leave는 party와 거의 어울려 사용되지 않지요.

(a) : 걱정하지 마. 회사가 비용을 내 줄거야.   bill은 '계산서, 영수증'을 의미하는데요. foot the bill은 '(자신의 것만이 아닌 남의 것도 같이)지불하다, 내다'란 뜻이 되지요. pick up the tab도 같은 의미이니 기억해 두세요.

LESSON 02
QUIZ 02

9

I finally finished _____ the book.
- (a) to write
- (b) writing

10

My father quit _____ last year.
- (a) smoking
- (b) to smoke

11

My boyfriend makes _____ at his day job.
- (a) peanuts
- (b) coconuts

12

That story always gives me _____ bumps.
- (a) chicken
- (b) goose

ANSWER 9-12

(b) : 나 마침내 책 쓰는 걸 끝냈어.   문장의 동사인 finish는 목적어로 to부정사를 받을 수 없고, 오직 동명사만을 받습니다. 보통 목적어로 to부정사가 오는 경우는 미래를 의미하는 경우가 많고, 동명사가 오는 경우는 과거를 의미하죠. 본 문장에서처럼 책을 쓰는 걸 끝냈다는 건 미래의 얘기가 아니라 과거의 얘기기 때문에 writing이 되는 거죠.

(a) : 우리 아빠는 작년에 담배를 끊으셨어.   문장의 동사인 quit(그만두다)은 목적어로 to부정사는 받을 수 없고, 오직 동명사만을 받습니다. 그러므로 정답은 smoking이죠.

(a) : 내 남자친구는 생업을 통해서 쥐꼬리만큼의 돈을 벌어요.   peanuts는 속어로 '아주 적은 양의 돈'을 의미합니다. 즉, make peanuts는 '쥐꼬리만큼의 돈을 벌다'란 뜻이 되는 거죠. 비슷한 뜻으로 get chicken feed도 같이 알아두세요.

(b) : 그 얘기는 항상 날 닭살 돋게 해.   빈칸 뒤의 단어 bump와 함께 쓰이며 문맥상 어울리는 표현은 goose bumps입니다. 흔히 말하는 '닭살'을 의미하는 표현이지요. 영어에서는 chicken이 아니라 goose(거위)라고 한다는 것 꼭 기억해 두세요.

LEVEL 02
QUIZ 02

13. My wife and I like _____ wine every night.
- (a) to drink
- (b) drink

14. We finally stopped _____ after two hours of running.
- (a) to rest
- (b) resting

15. Dr. Johnson usually doesn't make _____ calls.
- (a) house
- (b) home

16. I know you're telling a cock and _____ story.
- (a) bull
- (b) donkey

ANSWER 13-16

(a) : 아내와 전 매일 밤 와인 마시는 걸 좋아해요.   동사 like는 목적어로 동명사와 to부정사를 모두 취할 수 있고, 그 해석 또한 동일합니다. 이처럼, 목적어로 동명사와 to부정사를 모두 취하며 그 해석 또한 동일한 동사에는 like/begin/start/love/prefer/continue 등이 있지요.

(a) : 두 시간에 걸친 달리기 이후에 우리는 마심내 쉬려고 멈췄다.   문장의 동사 stop은 목적어로 to부정사와 동명사를 모두 받을 수 있지만, 그 의미가 달라집니다. to부정사의 경우 '~하기 위해 멈추다'지만, 동명사는 '하는 것을 멈췄다'란 뜻이 되지요. 여기선 문맥상 to부정사인 to rest가 적절합니다.

(a) : 존슨 박사님은 보통 왕진을 다니시지 않습니다.   빈칸 뒤의 명사 call과 함께 쓰이며 문맥과 어울리는 것은 보기 중 house입니다. house call은 의사들의 '왕진' 혹은 영업사원들의 '가정 방문 판매'를 뜻하는 표현이지요.

(a) : 난 네가 지어낸 얘기를 하고 있다는 걸 안아.   cock and bull story는 속어로 '지어낸 이야기'란 뜻이 있습니다. bull이 '허풍'을 의미한다는 것에서 이 표현의 의미를 유추해 볼 수 있지요.

Speak! Speak!

배운 문장들을 대화문으로 다시 한 번 말해봐요!

아래의 한글로 된 문장들이 영문으로 기억나세요? 앞에서 다 배웠던 문장입니다.
빈 칸에 영문을 직접 적어보고 대화문을 연습해 보세요.

1
A _____.
그녀는 그 기회를 잡지 않은 것을 후회했어요.

B Well, that's just her luck.
음, 그녀가 그렇죠 뭐.

2
A Can you please do this for me?
제발 날 위해 이걸 해 줄 수 있어요?

B Okay, but _____.
알았어요, 하지만 당신 내게 크게 빚진 겁니다.

Humor

A : Do you want me to tell you a secret about butter?
B : Well, you'd better not. I might spread it.

A : 버터에 대한 비밀을 말해줄까?
B : 음, 안 그러는 게 좋을 걸. 내가 퍼트릴 수도(=펴 바를 수도) 있어.

(* 언어유희 : spread는 비밀 등을 '퍼트리다'란 뜻과, 버터를 빵 위에 '바르다'란 뜻도 있습니다.)

3
A _____?
창문 쪽 좌석이 좋으세요, 아니면 통로 쪽 좌석이 좋으세요?

B Well, I prefer an aisle seat.
음, 전 통로 쪽 좌석이 좋습니다.

4
A _____.
난 애 취급 받는 게 싫어.

B But you're only 7 years old.
하지만 넌 겨우 7살이잖아.

5
A Is Jack leaving for England tomorrow?
잭이 내일 잉글랜드로 떠날 예정이니?

B Yeah, _____.
응. 우리는 그에게 송별회를 해줄 거야.

6
A We can't afford to have dinner here.
우린 여기서 저녁을 먹을 여력이 안돼요.

B Don't worry. _____.
걱정하지 말아요. 회사가 비용을 내 줄 거예요.

7
A Does your father still smoke?
너희 아버지 아직도 담배 피시니?

B No, _____.
아뇨, 우리 아빠는 작년에 담배를 끊으셨어요.

8

A _____.
내 남자친구는 생업을 통해서 쥐꼬리만큼의 돈을 벌어요.

B Really? I thought he was making a lot of money.
정말? 난 그가 돈을 많이 번다고 생각했었어.

9

A _____.
그 얘기는 항상 날 닭살 돋게 해.

B Yeah, it's really scary.
응, 그 얘긴 정말 무서워.

10

A _____.
난 네가 지어낸 얘기를 하고 있다는 걸 알아.

B If you don't want to believe it, well, suit yourself.
믿고 싶지 않다면, 음, 좋을대로 해.

ANSWER

1. She regretted not taking the opportunity | 2. you owe me big time | 3. Do you prefer a window seat or an aisle seat | 4. I hate being treated like a child | 5. we're going to throw him a farewell party | 6. The company will foot the bill | 7. my father quit smoking last year | 8. My boyfriend makes peanuts at his day job | 9. That story always gives me goose bumps | 10. I know you're telling a cock and bull story

LEVEL 02
Quiz 03

LEVEL 02
QUIZ 03

1. I regret _____ you this, but you're fired.
- ☐ (a) telling
- ☐ (b) to tell

2. Today is the _____ day of the rest of your life.
- ☐ (a) first
- ☐ (b) last

3. She kicked me in the _____.
- ☐ (a) nuts
- ☐ (b) bolts

4. Try not to make any _____ decisions.
- ☐ (a) hasty
- ☐ (b) flimsy

ANSWER 1-4

(b): 이 말씀 드리게 돼서 유감입니다만, 당신은 해고되었습니다. 문장의 동사 regret은 목적어로 to부정사와 동명사를 모두 받을 수 있지만, 그 의미가 달라집니다. to부정사의 경우 '~하게 되어 유감이다'지만, 동명사는 '~한 것을 후회하다'란 뜻이 되지요. 여기선 문맥상 to부정사인 to tell이 적절합니다.

(a): 오늘이 당신에게 남아 있는 생의 첫 날이다. 우리는 가끔 시간을 너무 아무렇지 않게 낭비하며 살곤 합니다. 이 명언은 매일 매일의 하루가 우리에게 남은 날의 첫 번째 날이라는 뜻입니다. 좀 극단적으로 말해서 언제 죽을지 모르는 인생 하루하루를 최선을 다해 열심히 살아야 하지 않을까요?

(a): 그녀가 내 거기 부분을 걷어찼어요. nut은 호두와 같은 '견과류'란 뜻을 갖고 있습니다. 하지만 슬랭으로는 남자의 생식기 부분 중 '고환(testicle)'을 의미하지요.

(a): 성급한 결정은 하지 않도록 노력하세요. 빈칸 뒤의 명사 decision(결정, 결심)과 함께 쓰이고, 문맥상 어울리는 것은 형용사 hasty(성급한, 경솔한)입니다. 즉, hasty decision은 '성급한 결정'이란 뜻이지요. flimsy는 증거나 변명이 '박약한'이란 뜻을 갖습니다.

LESSON 02
QUIZ 03

Who is that _____ boy?
- (a) dancing
- (b) dance

Do you know the man _____?
- (a) stand on the stage
- (b) standing on the stage

The boy was kidnapped in _____ daylight.
- (a) whole
- (b) broad

How do I get rid of these love _____?
- (a) brakes
- (b) handles

ANSWER 5-8

(a) : 저 춤추는 소년은 누구지?   동사원형 뒤에 -ing가 붙으면 동명사도 되지만 또한 현재분사도 됩니다. 현재분사는 문장에서 명사를 앞에서 수식해 주는 형용사의 역할을 하지요. 즉, dance는 '춤추다'란 동사지만, dancing은 '춤추는'이란 형용사가 되어 명사 boy를 수식해 줄 수 있는 겁니다.

(b) : 너 무대 위에 서 있는 남자를 알고 있니?   현재분사는 동사가 변해서 만들어진 것이기에 비록 뜻은 '~다'로 끝나는 동사가 아니지만 동사의 성질을 지니고 있습니다. 그래서 뒤에 목적어, 부사, 전치사구 등이 연결될 수 있지요. 이는 명사의 뒤에서 명사를 수식해 줍니다.

(b) : 그 소년은 백주 대낮에 납치를 당했어요.   빈칸 뒤의 명사 daylight와 함께 쓰이는 형용사는 보기 중 broad(넓디넓은, 가득한)입니다. in broad daylight은 '백주 대낮에'란 의미로 쓰이지요.

(b) : 이 옆구리 살들은 어떻게 빼야 하죠?   love handles는 살이 쪄서 툭 튀어나온 옆구리 살을 뜻합니다. 마치 배 주위에 자동차 핸들을 심어놓은 것처럼 동그랗고 사랑스럽게(?) 튀어나와 있기에 love handles라고 부르지요.

LESSON 02
QUIZ 03

9 The girl _____ is my daughter.
- (a) dancing beautifully
- (b) dance beautifully

10 I have a friend _____ a celebrity.
- (a) dating
- (b) date

11 Tom and I just vegged _____ on Friday night.
- (a) out
- (b) beyond

12 How many times have you _____ a scholarship?
- (a) collected
- (b) received

ANSWER 9-12

(a) : 아름답게 춤을 추고 있는 소녀는 제 딸입니다. 빈칸은 앞에 있는 명사 the girl을 수식해 주는 역할을 합니다. 현재분사 dancing은 동사의 성질을 그대로 가지고 있어서 beautifully와 같은 부사의 꾸밈을 받을 수 있지요.

(a) : 유명인사와 데이트를 하는 친구가 있어. 동사가 변형되어 만들어지는 분사는 동사의 성질이 남아있어서 뒤에 목적어, 보어를 갖거나 부사의 수식을 받을 수도 있습니다. 본 문장을 보면, 빈칸은 friend를 수식해 주는 분사가 와야 하는데, 그 분사의 뒤에는 목적어로 a celebrity가 위치하고 있지요.

(a) : 톰과 나는 금요일 밤에 하루 종일 뻗어서 TV만 봤어. veg out의 veg는 '식물'을 뜻하는 vegetable에서 온 단어입니다. 마치 움직이지 못하는 식물인간처럼 텔레비전 앞에서 '하루 종일 TV만 보다'라는 뜻의 표현이지요.

(b) : 넌 장학금을 몇 번이나 받아봤니? 빈칸 뒤의 명사 scholarship은 '장학금'을 뜻합니다. 이 단어와 어울려 쓰이는 동사는 바로 receive로, receive a scholarship은 '장학금을 받다'란 뜻이 되죠.

LEVEL 02
QUIZ 03

13. I stepped on the _____ glass.
- (a) break
- (b) broken

14. I only buy things _____ in Germany.
- (a) made
- (b) making

15. We're going to _____ the issue at the proper time.
- (a) address
- (b) entail

16. Jack went _____ in the lake.
- (a) skinny-dipping
- (b) skinny-hopping

ANSWER 13-16

(b) : 깨진 유리를 밟았어요. 동사의 과거분사 형태는 현재분사와 마찬가지로 명사를 수식해주는 형용사 역할을 합니다. 단, 현재분사가 능동적 의미라면 과거분사는 수동적 의미가 되어 '~가 되어버린'이란 뜻을 갖게 되죠. break(부수다)의 과거분사인 broken은 '깨져버린'이란 뜻이 되어 명사 glass를 꾸며줄 수 있답니다.

(a) : 난 오직 독일에서 만들어진 물건들만 사요. 현재분사구와 마찬가지로 과거분사구 역시 명사를 뒤에서 수식해 줍니다. make(만들다)의 과거분사인 made는 '만들어진'이란 뜻이 되는데요. 뒤에 전치사구 in Germany가 붙어서 '독일에서 만들어진' 이란 뜻이 되어 앞의 명사 things를 수식해 줄 수 있답니다.

(a) : 저희는 그 문제를 적절한 시기에 거론할 겁니다. issue는 회의 등에서 토론의 대상이 되는 '문제'를 의미합니다. 이는 동사 address와 같이 쓰여 address an issue. 즉 '문제를 거론하다'란 뜻이 됩니다.

(a) : 잭은 강에 누드로 수영하러 갔어요. skinny-dip은 동사로 '알몸으로 수영하다'란 뜻이 있습니다. '~하러 가다'란 뜻의 패턴인 'go + ~ing'를 사용한, go skinny-dipping은 곧, '알몸으로 수영하러 가다'란 뜻이 되는 거죠.

Speak! Speak!

배운 문장들을 대화문으로 다시 한 번 말해봐요!

아래의 한글로 된 문장들이 영문으로 기억나세요? 앞에서 다 배웠던 문장입니다.
빈 칸에 영문을 직접 적어보고 대화문을 연습해 보세요.

1

A _____, but you're fired.
이 말을 드리게 돼서 유감입니다만. 당신은 해고되었습니다.

B What? You can't fire me like this.
뭐라고요? 이런 식으로 절 해고하실 순 없습니다.

2

A _____.
오늘이 남아 있는 생애의 첫 날이야.

B Yeah, we should focus on today.
그래, 우린 오늘에 집중을 해야 해.

Humor

Teacher : Susan, can you point out America on the map?
Susan : This is it.
Teacher : Good job. Now, class, who found America?
Class : Susan did!

Teacher : 수잔, 지도 위에 미국을 손가락으로 가리켜 볼래요?
Susan : 이거예요.
Teacher : 잘했어요. 자 여러분. 누가 미국을 발견했죠?
Class : 수잔이요!

(* 미국을 발견한 사람은 Columbus이다.)

3
A Damn it! _____.
젠장! 그녀가 내 거기 부분을 걸어찼어.

B Ouch! That must have hurt.
아이고! 아팠겠다.

4
A _____?
너 무대 위에 서 있는 남자를 알고 있니?

B Well, he looks familiar, but I'm not sure.
음, 낯은 익는데, 확실히는 모르겠어.

5
A _____?
이 옆구리 살들을 어떻게 빼야 하죠?

B It's simple. Eat less and exercise more.
그건 간단하죠. 적게 먹고 운동을 더 하세요.

6
A _____.
유명인사와 데이트 하는 친구가 있어.

B Really? Who is your friend dating?
정말? 네 친구가 누구랑 데이트 하는 거니?

7
A _____.
톰과 나는 금요일 밤에 하루 종일 뻗어서 TV만 봤어.

B Well, that's all you guys do every night.
음, 그게 너희들 매일 밤 하는 거잖아.

8

A _____.
깨진 유리를 밟았어요.

B Oh, no. Is your foot okay?
아, 저런. 발 괜찮아요?

9

A _____.
난 오직 독일에서 만들어진 물건들만 사.

B No wonder you only drive BMWs.
네가 BMW만 타고 다니는 게 놀라울 게 없구나.

10

A _____.
잭은 강에 누드로 수영하러 갔어.

B What? In this cold weather? Is he out of his mind?
뭐? 이 추위에? 걔 미친 거 아냐?

ANSWER

1. I regret to tell you this | 2. Today is the first day of the rest of your life | 3. She kicked me in the nuts | 4. Do you know the man standing on the stage | 5. How do I get rid of these love handles | 6. I have a friend dating a celebrity | 7. Tom and I just vegged out on Friday night | 8. I stepped on the broken glass | 9. I only buy things made in Germany | 10. Jack went skinny-dipping in the lake

LEVEL 02
Quiz 04

LEVEL 02
QUIZ 04

1. It was an _____ movie.
- ☐ (a) interesting
- ☐ (b) interested

2. We're looking for a _____ child.
- ☐ (a) missing
- ☐ (b) miss

3. When will my visa be _____?
- ☐ (a) issued
- ☐ (b) discharged

4. He stuffed his _____ with pancakes and syrup.
- ☐ (a) face
- ☐ (b) back

ANSWER 1-4

(a) : 그건 흥미로운 영화였어. 분사는 '동사-ing'형태의 현재분사와 '동사-ed' 형태의 과거분사가 있습니다. 현재분사는 '~한'이란 능동의 의미, 과거분사는 '~된'이란 수동의 의미를 갖지요. 분사는 형용사처럼 명사의 앞이나 뒤에서 명사를 수식해 준답니다.

(a) : 우리는 사라진 한 아이를 찾고 있어요. 빈칸은 뒤의 명사 child를 수식해 주는 형용사가 와야 합니다. 보기 (a)의 missing(사라진)은 '동사-ing' 형태의 현재분사로 형용사 역할을 하기 때문에 명사 앞에서 명사를 수식해 줄 수 있지요.

(a) : 제 비자가 언제 발급될까요? 서술어가 수동태로 표현되어 있는데, 능동의 문장일 경우 동사를 받는 목적어는 visa 입니다. visa와 함께 어울려 쓰이는 동사는 issue(발급하다)이지요. issue a visa는 '비자를 발급하다'란 뜻입니다.

(a) : 그는 팬케이크와 시럽을 엄청 빠르게 많이 먹었어요. stuff one's face는 무언가 음식을 '빠르게 그리고 많이 먹다'란 의미로 사용되는 표현입니다. stuff 란 동사가 '채워넣다'란 뜻이 있는데, 마치 얼굴을 음식으로 채워 넣듯, 빠르게 많이 먹는다는 의미인거죠.

All the people _____ here get paid a lot.
- (a) working
- (b) worked

We became _____ by the reality of life.
- (a) surprising
- (b) surprised

_____ is the first chapter of the book of wisdom.
- (a) Honesty
- (b) Dishonesty

Are you beginning to get the _____?
- (a) picture
- (b) frame

ANSWER 5-8

(a) : 여기서 일하고 있는 모든 이들은 많은 돈을 받아요. 빈칸은 앞의 명사 people을 수식해 주며, 또한 뒤에 위치한 부사 here의 수식을 받습니다. 그러므로 빈칸은 분사가 와야 하지요. 사람들은 주체적으로 일을 하는 능동의 대상이므로 빈칸은 과거분사가 아닌 현재분사 working이 들어가야 합니다.

(b) : 우리는 삶의 현실에 놀라게 되었어요. 빈칸은 became(~가 되다)의 의미를 보충해 주는 주격 보어 자리로 형용사 역할을 하는 분사가 위치할 수 있습니다. 문맥상 '놀라게 된'이란 의미로 수동의 의미를 가진 과거분사 surprised(놀란)가 빈칸에 들어가야 합니다.

(a) : 정직은 지혜라는 책의 제1장이다. 미국의 제 3대 대통령인 토머스 제퍼슨이 남긴 명언입니다. 지혜(wisdom)의 가장 기본이 되는 덕목은 무엇보다도 '정직'입니다. 정직이 뒷받침 되지 않는 지혜는 그저 위선일 뿐이죠.

(a) : 너 이해가 가기 시작하니? get the picture라는 표현은 '무언가를 이해하다'란 의미로 사용됩니다. 즉, 어떤 상황에 대한 큰 그림을 얻었다는 뜻의 표현인 거죠. 상대방이 하는 말을 이해했으면 I got the picture라고 말할 수 있지요.

LESSON 02 QUIZ 04

9. I hate her because she's really _____.
- (a) irritated
- (b) irritating

10. Who doesn't want to _____ all night long?
- (a) boogie
- (b) booger

11. Pain is temporary. Quitting lasts _____.
- (a) forever
- (b) a second

12. What's the _____ on his background?
- (a) 411
- (b) 007

ANSWER 9-12

(b) : 그녀는 정말 (사람을) 짜증나게 해서 난 그녀가 싫어.   현재분사인 irritating은 스스로가 남을 '짜증나게 하는'이란 뜻인 반면, 과거분사인 irritated는 수동의 의미로 '짜증나게 함을 당한' 즉, 기분이 '짜증난'이란 뜻이 되는 거죠.

(a) : 누가 밤새도록 춤추며 놀고 싶지 않겠어?   boogie는 동사로 '춤추다, 파티하다'란 뜻을 가지고 있습니다. 반면, 보기 (b)의 booger는 '코딱지'라는 뜻으로 빈칸에 어울리지 않지요.

(a) : 고통은 잠깐이지만, 포기하는 것은 평생 간다.   암을 극복하고 다시 정상의 자리를 차지한 위대한 싸이클리스트 랜스 암스트롱의 명언입니다. 아무리 힘든 고통(pain)이라도 그 아픔은 일시적인 것이지만, 그로 인해서 그만두게 된다면 결국 평생 이루지 못한 아쉬움이 따라다니게 될 겁니다.

(a) : 그의 배경에 대한 정보가 어떻게 돼?   411은 '정보(information)'를 뜻합니다. 원래 411은 우리나라의 114에 해당하는 번호로 지역전화번호를 알아내려고 할 때 거는 번호인데요, 그 의미가 확장되어 일반적인 '정보'를 뜻하는 단어로 사용되어지고 있지요.

LEVEL 02
QUIZ 04

13. _____ me, he ran away.
- (a) Seeing
- (b) See

14. _____ along the road, she met her boyfriend.
- (a) Walked
- (b) Walking

15. Your new bag is _____!
- (a) phat
- (b) pat

16. How many of you have student _____ to pay?
- (a) loans
- (b) lease

ANSWER 13-16

(a) : 나를 보고서는, 그는 달아나 버렸어요. '부사절 접속사 + 주어 + 동사 ~, 주어 + 동사 ~'의 형태로 이루어진 문장에서 앞의 부사절은 축약하여 분사구문으로 만들어 줄 수 있습니다. 분사구문은 부사절과 주절의 주어가 일치할 때, 부사절 접속사와 주어는 생략을 하고, 동사를 원형의 -ing 형태로 남겨서 만들어 줄 수 있습니다.

(b) : 길을 따라 걷다 그녀의 남자친구를 만났어요. While she was walking along the road가 부사절이고, 부사절의 주어인 she가 주절의 주어와 동일하다면, 축약하여 분사구문으로 만들어 줄 수 있습니다. 접속사와 주어 while she는 생략을 하고, 동사의 -ing, 즉 Walking along the road 만 남겨주면 되지요. 이때 be동사는 생략할 수 있습니다.

(a) : 새 가방이 멋지다! phat은 슬랭으로 '멋진, 기똥찬'이란 뜻을 가지고 있습니다. cool/awesome과 같은 단어들처럼 사용할 수 있죠.

(a) : 너희들 중 몇 명이나 갚아야 할 학자금 대출이 있니? 빈칸 앞의 명사 student와 함께 쓰이며 문맥상 어울리는 것은 loan(대부금)입니다. student loan은 대학등록금을 위해 빌리는 '학자금 대출'을 뜻하지요. lease는 '임대차 계약'으로 보통 사무실이나 자동차를 빌릴 때 사용되는 용어입니다.

배운 문장들을 대화문으로 다시 한 번 말해봐요!

아래의 한글로 된 문장들이 영문으로 기억나세요? 앞에서 다 배웠던 문장입니다.
빈 칸에 영문을 직접 적어보고 대화문을 연습해 보세요.

1
A _____ .
우리는 사라진 한 아이를 찾고 있어요.

B Is it a boy or a girl?
남자 아이인가요, 여자 아이인가요?

2
A _____ ?
제 비자가 언제 발급될까요?

B Next week at the latest.
아무리 늦어도 다음 주요.

Humor

Q : What do you call a deer with no-eyes?
A : No idea. (No-eye deer)

Q : 눈이 없는 사슴을 뭐라고 부르지?
A : 모르겠어요.
(* 언어유희 : 눈 없는 사슴(No-eye deer)과 모르겠어요(No idea)의 발음이 비슷하게 들림)

3

A _____.
여기서 일하는 모든 이들이 많은 돈을 받아요.

B How much on average do they get paid a year?
평균적으로 일 년에 얼마나 받나요?

4

A _____.
정직은 지혜라는 책의 제 1장이야.

B Absolutely. Honesty is the best policy.
당연하지. 정직이 최선의 방책이라고.

5

A _____?
너 이해가 가기 시작하니?

B No, I'm still in the dark.
아니, 아직도 하나도 모르겠어.

6

A I hate her because _____.
그녀는 정말 (사람을) 짜증나게 해서 난 그녀가 싫어.

B That makes the two of us.
나도 그래.

7

A _____?
누가 밤새도록 춤추며 놀고 싶지 않겠어?

B I don't. I'd rather stay home and read a book.
난 싫어. 난 차라리 집에서 책을 읽겠어.

8

A : **This task is too difficult. I can't do this anymore.**
이 임무는 너무 어려워. 난 더 이상 이걸 할 수가 없어.

B : **Remember: Pain is temporary. _____.**
기억해. 고통은 잠깐이지만, 포기하는 것은 평생 가는 거야.

9

A : _____?
그의 배경에 대한 정보가 어떻게 돼?

B : **We're still working on it.**
아직 찾아내고 있는 중입니다.

10

A : _____?
너희들 중 몇 명이나 갚아야 할 학자금 대출이 있니?

B : **Almost all of us.**
거의 저희들 모두요.

ANSWER

1. We're looking for a missing child | 2. When will my visa be issued | 3. All the people working here get paid a lot | 4. Honesty is the first chapter of the book of wisdom | 5. Are you beginning to get the picture | 6. she's really irritating | 7. Who doesn't want to boogie all night long | 8. Quitting lasts forever | 9. What's the 411 on his background | 10. How many of you have student loans to pay off

LEVEL 02
Quiz 05

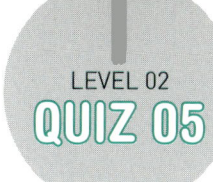

While _____ the bus,
I saw something quite strange.
- (a) ride
- (b) riding

_____ by accident, the machine
may not make any noise.
- (a) Damaging
- (b) Damaged

That hot girl over there, she's gonna be my _____.
- (a) boo
- (b) zoo

They are forecasting _____ rain for the next two days.
- (a) heavy
- (b) strong

ANSWER 1-4

(b) : 버스를 타는 동안, 꽤 이상한 무언가를 봤어요. 부사절 접속사 While이 이끄는 부사절의 주어가 주절의 주어인 I와 같다면, 부사절은 축약하여 분사구문으로 만들어 줄 수 있습니다. 즉, While I was riding the bus를 간단히 While riding the bus라고 하면 되죠. 이 때 접속사 while은 남겨두어도 되고 혹은 생략해도 상관없습니다.

(b) : 사고로 인해 손상되었기 때문에, 그 기계는 소리가 안 날 수도 있어요. 분사구문을 만드는 법칙에 따라, Because the machine was damaged by accident에서, 접속사와 주어를 생략하면, Being damaged by accident만 남습니다. 이 때 being은 생략이 가능하기에 damaged by accident만 남죠.

(a) : 저기 있는 저 섹시한 여자, 쟤 내 여자 친구가 될 거야. boo는 girlfriend 혹은 boyfriend를 뜻하는 슬랭입니다. 애인을 부를 때 주로 사용하는 애칭 중 하나인 baby와 비슷한 표현이죠. cf) Hey, baby. = Hey, boo = 안녕, 자갸.

(a) : 다음 이틀간은 폭우가 내릴 것으로 예상됩니다. 빈칸 뒤의 명사 rain과 결합하여 적절한 뜻을 이루는 형용사는 보기 중 heavy입니다. heavy rain은 '폭우, 호우'를 뜻하지요. strong은 win(바람)와 결합하여 strong wind(강풍)로 쓰이죠.

The _____ was very lively and fruitful.
  ☐ (a) discussion   ☐ (b) discuss

We gave him very useful _____.
  ☐ (a) information
  ☐ (b) inform

This bird is _____ the curiosity of the visitors.
  ☐ (a) drawing
  ☐ (b) charming

Don't try to do a _____ job on me.
  ☐ (a) rain
  ☐ (b) snow

ANSWER 5-8

(a) : 토론은 매우 활기차고 성과가 있었어. 문장의 기본 어순은 '주어 + 동사'이며, 빈칸은 주어에 해당하는 자리입니다. 문장에서 '주어'의 역할을 할 수 있는 품사는 바로 명사이지요.

(a) : 우린 그에게 매우 유용한 정보를 주었어. 빈칸은 4형식 '주어 + 동사 + 간접목적어 + 직접목적어'의 형태에서 직접목적어에 해당하는 자리입니다. 또한 빈칸 앞에 형용사인 useful이 있기에 빈칸은 명사 자리임을 알 수 있지요. 그러므로 동사인 보기 (b)는 정답이 될 수 없습니다.

(a) : 이 새는 방문객들의 호기심을 끌고 있어요. 빈칸에 뒤에 위치한 명사 curiosity와 함께 어울려 쓰이는 동사는 보기 중 draw(끌다)입니다. draw the curiosity는 '호기심을 끌다'란 뜻이죠.

(b) : 날 속이려고 하지 마. 눈사람은 아주 작은 뭉치를 굴려서 점점 크게 만들죠. 이처럼, snow job은 무언가 작은 일을 부풀려서 큰일인 것처럼 남을 속이는 행동을 뜻하죠. do a snow job on은 '~을 속이다'란 의미로 기억해 두세요.

LESSON 02
QUIZ 05

9. The _____ of the building is still not over.
- (a) construct
- (b) construction

10. The _____ on the plane are uncomfortable.
- (a) seat
- (b) seats

11. How could you say that to me? I'm _____ you.
- (a) unfriending
- (b) infriending

12. I _____ a discount on my membership fees.
- (a) received
- (b) gained

ANSWER 9-12

(b) : 그 건물의 공사는 아직 끝나지 않았어. 빈칸은 of the building이 전치사구로서 뒤에서 수식을 해주고 있는 명사의 자리로 문장 전체의 주어에 해당합니다. 문장의 주어, 목적어, 보어 자리에 올 수 있는 품사는 바로 명사이죠.

(b) : 그 비행기의 좌석들은 불편해요. seat은 셀 수 있는 가산명사입니다. 가산명사의 경우 그 수가 하나일 때는 반드시 관사와 함께 쓰여야 하고, 여러 개일 때는 복수형으로 쓰여야 합니다. 본 문장에서는 be동사 역시 복수형인 are가 쓰였으므로 seats가 정답이 되어야 하지요.

(a) : 어떻게 내게 그렇게 말할 수 있니? 넌 친구목록에서 삭제할 거야. 옥스퍼드 사전에 의해 올해의 단어로 선정된 어휘가 바로 unfriend입니다. unfriend는 우리나라의 싸이월드와 같은 〈Facebook〉, 〈MySpace〉 등에서 친구목록에 있던 사람을 '친구목록에서 제외시키다'란 뜻의 표현이지요.

(a) : 저 회원요금 할인 받았어요. 빈칸 뒤의 명사 discount와 어울려 '회원요금으로 하다'라는 문맥과 어울리는 동사는 receive입니다. receive a discount는 '할인을 받다'란 뜻이죠. 동사 gain은 'gain weight(살이 찌다)'와 같이 쓸 수 있습니다.

137

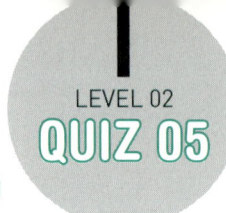

LEVEL 02
QUIZ 05

13
I have _____ at home.
- (a) a computer
- (b) computer

14
That man will help you carry your _____.
- (a) luggages
- (b) luggage

15
My father has got a _____ addiction to gambling.
- (a) chronic
- (b) decisive

16
Tom is such a _____. Nobody likes him.
- (a) brown noser
- (b) pink noser

ANSWER 13-16

(a) : 난 집에 컴퓨터가 있어요.   컴퓨터는 셀 수 있는 가산명사입니다. 가산명사는 반드시 앞에 a/an 혹은 the와 같은 관사가 붙거나 혹은 -s의 복수형으로 써여야 합니다.

(b) : 저 남자가 당신이 수화물을 드는 걸 도와줄 거예요.   셀 수 없는 명사를 불가산명사라고 합니다. 불가산명사는 앞에 a/an의 부정관사가 올 수 없고, 또한 복수형으로도 쓸 수 없습니다. luggage(수화물)는 불가산명사의 대표적인 예로 그 수가 아무리 많더라도 복수형으로 사용하지 않습니다.

(a) : 저희 아버지는 도박에 만성 중독 되었어.   빈칸 뒤의 명사 addiction(중독)과 함께 쓰이며 문맥상 어울리는 것은 보기 중 chronic(장기간에 걸친 만성적인)입니다. chronic addiction은 '만성중독'이란 뜻이지요.

(a) : 톰은 정말 아첨꾼이야. 아무도 걔를 안 좋아해.   무언가 이득을 취하기 위해 거짓을 상대방에게 아첨하는 사람을 가리켜 영어로 brown noser라고 부릅니다. 갈색은 무언가 부정적인 것, 부패한 것의 느낌을 준다는 것 기억해 두세요.

Speak! Speak!

배운 문장들을 대화문으로 다시 한 번 말해봐요!

아래의 한글로 된 문장들이 영문으로 기억나세요? 앞에서 다 배웠던 문장입니다.
빈 칸에 영문을 직접 적어보고 대화문을 연습해 보세요.

1

A _____, I saw something quite strange.
버스를 타는 동안, 전 꽤 이상한 무언가를 봤어요.

B Tell me what you saw.
당신이 본 걸 내게 말해 봐요.

2

A That hot girl over there, _____.
저기 있는 저 섹시한 여자, 쟨 내 여자 친구가 될 거야.

B In your dreams.
꿈 깨셔.

Famous Movie Lines

Just love her.
It doesn't matter if you have five minutes or fifty years.
If not for today, if not for you, I would never have known love at all.

그냥 그녀를 사랑하세요.
가진 시간이 5분이든 50분이든 그건 중요하지 않아요.
오늘, 당신이 아니었다면, 전 결코 사랑을 알지 못했을 겁니다.

[If Only(이프 온리)] 중에서

3
A _____.
우린 그에게 매우 유용한 정보를 주었어.

B What information did you give him?
그에게 무슨 정보를 주었나요?

4
A _____.
이 새는 방문객들의 호기심을 끌고 있어요.

B Yeah, I can see that. The bird will get us lots of money.
네, 그러게요. 새가 우리에게 많은 돈을 벌어다 주겠군요.

5
A _____.
날 속이려고 하지 마.

B Trust me, I won't.
믿으세요. 안 그럴게요.

6
A How could you say that to me? _____.
어떻게 내게 그렇게 말할 수 있어? 나 널 친구목록에서 삭제할 거야.

B Yeah, whatever.
맘대로 하시든지.

7
A _____.
그 비행기의 좌석들은 불편해요.

B Yeah, there isn't enough leg room.
네, 다리를 뻗을 수 있는 공간이 충분치 않아요.

8

A _____.
저 남자가 당신이 수화물을 드는 걸 도와줄 거예요.

B Oh, thank you.
아, 감사합니다.

9

A _____.
저희 아버지는 도박에 만성 중독되었어요.

B Oh, that's too bad.
아, 그거 정말 안됐구나.

10

A _____. Nobody likes him.
톰은 정말 아첨꾼이야. 아무도 걔를 안 좋아해.

B Yeah, he doesn't have any friends.
응, 갠 친구가 없어.

ANSWER

1. While riding the bus | 2. she's gonna be my boo | 3. We gave him very useful information | 4. This bird is drawing the curiosity of the visitors | 5. Don't try to do a snow job on me | 6. I'm unfriending you | 7. The seats on the plane are uncomfortable | 8. That man will help you carry your luggage | 9. My father has got a chronic addiction to gambling | 10. Tom is such a brown noser

LEVEL 02
Quiz 06

LEVEL 02
QUIZ 06

1. Can you get me two bottles of _____?
- ☐ (a) wines
- ☐ (b) wine

2. I don't have _____ to help you.
- ☐ (a) times
- ☐ (b) time

3. Now, Mr. Foreman, are you ready to _____ your verdict?
- ☐ (a) deliver
- ☐ (b) transmit

4. Dating your best friend's girlfriend is a _____ situation.
- ☐ (a) hairy
- ☐ (b) girly

ANSWER 1-4

(b) : 제게 와인 두 병을 가져다 주실래요? wine은 불가산명사로 복수 형태로 사용할 수 없습니다. 이처럼 불가산명사인 물질명사들은 앞에 a bottle of(한 병의)/a cup of(한 잔의)/a pack of(한 묶음의) 와 같은 단위를 붙여서 그 개수를 나타내 줄 수 있습니다.

(b) : 널 도와줄 시간이 없어. time은 '시간, 시기'라는 뜻을 가질 때는 불가산명사입니다. 그러므로 복수 형태나 a/an의 부정관사가 올 수 없지요. 하지만 가산명사로 쓰일 수도 있는데요. 이때는 그 의미가 달라집니다. cf) times(시대)

(a) : 자, 배심원장님. 평결을 내릴 준비가 되셨나요? verdict는 법정에서의 '평결'을 뜻하는 단어입니다. 이와 어울려 쓰일 수 있는 동사는 바로 deliver이지요. deliver a verdict는 '평결을 내리다'란 뜻의 표현입니다.

(a) : 네 친친의 여자 친구와 데이트하는 건 위험한 짓이야. hairy situation은 어느 순간에라도 밝혀져 잘못될 수 있는 위험한 상황을 뜻하는 표현입니다. 우리말에 거짓말 하면 엉덩이에 털 난다고 놀리는 것과 아주 비슷한 표현이군요.

LESSON 02
QUIZ 06

I write _____ to him once a week.
- (a) letter
- (b) a letter

Did you have fun at _____ picnic yesterday?
- (a) the
- (b) a

Yo, _____. It's not that serious.
- (a) chill
- (b) hill

You can't see the tumor with the _____ eye.
- (a) naked
- (b) stripped

ANSWER 5-8

(b) : 난 그에게 일주일에 한 번 편지를 써요.   부정관사 a/an은 명사 앞에 쓰여 '정해지지 않은 하나의'란 뜻으로 사용됩니다. 가산명사는 반드시 복수형태 혹은 앞에 부정관사나 정관사(the)를 붙여 주어야하며, 단독으로 사용될 수 없습니다. 또한, 부정관사는 a week에서 볼 수 있듯이, '~당', '~마다'라는 의미로 쓰이기도 하죠.

(a) : 너 어제 소풍에서 즐거운 시간을 보냈니?   정관사는 이미 언급한 명사나 혹은 특별히 정해진 명사 앞에 붙여서 쓰일 수 있습니다. 본 문장처럼 picnic이 서로 간에 이미 알고 있는 '그' 소풍을 언급하는 것이므로 정관사 the가 붙어야합니다. 정관사 the는 가산명사와 불가산명사 모두의 앞에 올 수 있습니다.

(a) : 야, 진정해. 그거 그렇게 심각한 문제 아냐.   chill은 속어로 '진정하다, 쉬다'란 뜻을 가지고 있습니다. 누가 급격하게 흥분하거나 화를 낸다면, 진정하란 뜻으로 Chill!이라고 말하면 되죠.

(a) : 넌 육안으로는 종양을 볼 수 없어.   빈칸 뒤의 명사 eye와 같이 쓰이며, 문맥상 어울리는 것은 naked(적나라한, 있는 그대로의)입니다. 즉, naked eye는 '육안으로'라는 뜻으로 사용됩니다.

LESSON 02
QUIZ 06

9. Your brother and I have _____ name.
- (a) the same
- (b) a same

10. Don't change things without _____ notice.
- (a) front
- (b) prior

11. I want you to give me a _____ answer.
- (a) straight
- (b) vertical

12. Keep your _____ on.
- (a) hair
- (b) forehead

ANSWER 9-12

(a) : 너의 형과 난 이름이 같아. same은 '같은'이란 뜻으로 'the + same + 명사'형태로 쓰일 땐 반드시 정관사 the가 앞에 쓰여야 합니다.

(b) : 사전공지 없이 뭔가를 변경하지 마세요. 빈칸 뒤의 명사 notice(통보, 공지)와 함께 쓰이는 것은 보기 중 prior(이전의, 앞의)입니다. prior notice는 '사전공지, 사전 통보'라는 뜻이지요.

(a) : 내게 속직한 대답을 해줬으면 좋겠어. 빈칸 뒤의 명사 answer와 결합하여 적절한 뜻을 이루는 형용사는 보기 중 straight(솔직한, 숨김없는)입니다. straight answer는 '솔직한 대답'이란 뜻이 되죠.

(a) : 진정해. keep one's hair on은 '차분한 마음 상태를 유지하다'라는 뜻으로, 상대방이 화를 내거나, 침착성을 잃을 경우 그러지 말라고 할 때 사용할 수 있는 표현이지요.

LEVEL 02
QUIZ 06

13. My boyfriend thinks _____ looks like Brad Pitt.
- ☐ (a) him
- ☐ (b) he

14. Amy and Tim were disappointed with _____ performance.
- ☐ (a) their
- ☐ (b) them

15. I can't remember a thing from last night. I was totally _____.
- ☐ (a) bombed
- ☐ (b) exploded

16. Don't forget to _____ your vote on November 17th.
- ☐ (a) shoot
- ☐ (b) cast

ANSWER 13-16

(b) : 내 남자친구는 자기가 브래드 피트를 닮았다고 생각해. 대명사는 앞에서 이미 등장한 명사가 반복되는 것을 막기 위해서 사용됩니다. 사람을 지칭하는 인칭대명사의 경우 주격, 소유격, 목적격, 소유대명사로 나뉘는데, 빈칸은 주어로 쓰인 명사(my boyfriend)를 대신하는 주격 대명사인 he가 정답이 되어야 하지요.

(a) : 에이미와 팀은 그들의 공연에 실망했어. 빈칸은 뒤에 위치한 명사 performance 앞에서 이를 수식해 주어야 하므로 소유격 인칭 대명사가 와야 합니다. 주격 대명사 they의 소유격은 대명사는 their이지요.

(a) : 난 어제 밤 일 하나도 기억이 안나. 완전히 취해있었거든. bombed는 슬랭으로 마리화나 혹은 술을 너무 많이 마셔서 완전히 취해 있는 상태를 의미하는 단어입니다. be동사와 함께 She was bombed./I was bombed./They were bombed. 처럼 말하면 되지요.

(b) : 11월 17일에 투표하는 거 잊지 마세요. 빈칸 뒤에 위치한 명사 vote(투표)와 어울려 쓸 수 있는 동사는 cast(던지다)입니다. cast a vote는 투표권을 던지다, 즉, '투표하다'란 뜻이 되죠.

Speak! Speak!

배운 문장들을 대화문으로 다시 한 번 말해봐요!

아래의 한글로 된 문장들이 영문으로 기억나세요? 앞에서 다 배웠던 문장입니다.
빈 칸에 영문을 직접 적어보고 대화문을 연습해 보세요.

1
A _____?
제게 와인 두 병을 가져 다 주실래요?

B Sure. Anything else?
물론이죠. 그밖에 다른 거는요?

2
A I need your help right now.
나 지금 당장 네 도움이 필요해.

B Sorry, but _____.
미안하지만, 나 널 도와줄 시간이 없어.

Famous Movie Lines

The secret ingredient is...nothing!
Don't have to. To make something special, you just have to believe it's special.

비밀 재료는 없단다.
있을 필요가 없지. 무언가를 특별하게 만들고 싶다면, 그냥 그게 특별하다고 믿기만 하면 되는 거야.

[Kung Fu Panda(쿵푸팬더)] 중에서

3

A Now, Mr Foreman, _____?
자, 배심원장님. 평결을 내릴 준비가 되셨나요?

B Yes, your honor.
그렇습니다. 재판장님.

4

A _____.
네 절친의 여자 친구와 데이트하는 건 위험한 짓이야.

B I know. I feel guilty about it.
나도 알아. 난 죄책감을 느끼고는 있어.

5

A What's going on?
무슨 일이야?

B Hey, _____. It's not that serious.
야, 진정해. 그거 그렇게 심각한 문제 아냐.

6

A My brother's name is Austin.
우리 형 이름은 오스틴이야.

B Wow, _____.
와우, 너희 형과 난 이름이 같아.

7

A _____.
사전공지 없이 원가를 변경하지 마세요.

B We'll keep that in mind.
숙지하고 있겠습니다.

8

A _____.
내게 솔직한 대답을 해줬으면 좋겠어.

B Okay. What is it that you wanna know?
알겠습니다. 알고 싶으신 게 뭐죠?

9

A _____.
내 남자친구는 자기가 브래드 피트 닮았다고 생각해.

B Seriously? That is so funny.
정말로? 완전 웃기다.

10

A _____.
11월 17일에 투표하는 거 잊지 마세요.

B Thanks for reminding me.
상기시켜 줘서 고마워요.

ANSWER

1. Can you get me two bottles of wine | 2. I don't have time to help you | 3. are you ready to deliver your verdict | 4. Dating your best friend's girlfriend is a hairy situation | 5. chill | 6. your brother and I have the same name | 7. Don't change things without prior notice | 8. I want you to give me a straight answer | 9. My boyfriend thinks he looks like Brad Pitt | 10. Don't forget to cast your vote on November 17th

LEVEL 02
Quiz 07

LEVEL 02
QUIZ 07

1. Jack likes eating _____ himself.
- (a) beside
- (b) by

2. His head is bigger than _____ of a horse.
- (a) those
- (b) that

3. Do not _____ this opportunity to talk to experts.
- (a) miss
- (b) skip

4. What's your _____ with me? What did I do wrong?
- (a) beef
- (b) pork

ANSWER 1-4

(b) : 잭은 혼자서 먹는 걸 좋아해. myself, herself, himself, themselves 등의 재귀대명사는 전치사와 어울려 특정한 뜻을 만들어 냅니다. 'by + 재귀대명사'는 '홀로, 혼자 힘으로'라는 뜻이 되고, 'beside + 재귀대명사'는 '이성을 잃은, 흥분한'이란 뜻이 되죠. 본 문장에서는 전치사 by가 적절합니다.

(b) : 그의 머리는 말보다 더 커요. that(저, 저것)과 those(저것들)는 지시대명사라고 하고, 이들은 앞에 언급되어 비교대상이 되는 명사의 반복을 피하기 위해서 쓸 수 있습니다. 이 때, 비교 대상이 단수면 that, 복수면 those가 와야 하지요. 여기서는 단수인 head가 비교대상이기에 that이 와야 합니다.

(a) : 전문가들에게 얘기할 수 있는 이번 기회를 놓치지 마세요. 빈칸 뒤의 명사 opportunity(기회)와 함께 어울려 쓸 수 있는 동사는 miss입니다. miss an opportunity는 '기회를 놓치다'란 뜻이지요.

(a) : 너 나한테 불만이 뭐야? 내가 뭘 잘못했는데? beef는 슬랭으로 '원한, 불만' 등을 뜻합니다. 단순히 '불만'을 갖고 있는 것을 넘어서 싸움까지도 불사하겠다는 의미가 내포되어 있는 표현이지요.

LESSON 02
QUIZ 07

5. This book is for _____ who are in their 20s.
- ☐ (a) those
- ☐ (b) that

6. _____ door needs to be shut.
- ☐ (a) That
- ☐ (b) Those

7. We need to _____ your passport.
- ☐ (a) kodak
- ☐ (b) xerox

8. You should _____ the consequences of getting pregnant.
- ☐ (a) weigh
- ☐ (b) order

ANSWER 5-8

(a) : 이 책은 20대이신 분들을 위한 겁니다. 지시대명사 those는 '~한 사람들'이란 뜻으로 사용될 수 있습니다. 단 이 경우에는 those 뒤에 관계사절, 분사, 전치사구 등이 붙어서 those에 대한 추가적인 설명을 해주어야 하지요.

(a) : 저 문은 닫힐 필요가 있어요. 지시형용사인 this와 that은 단수명사 앞에, those와 these는 복수명사 앞에 위치하여 '저~', '이~'의 의미로 해석됩니다. 본 문장에서 빈칸 뒤는 단수명사인 door이기에 보기 (a)가 정답이 되지요.

(b) : 저희는 당신의 여권을 복사해야 해요. xerox는 유명한 복사기 상표 이름이죠. google이 '검색하다'란 동사로 사용되는 것처럼, xerox 역시 동사로 '복사하다'란 의미로 사용됩니다. 반면 Kodak은 kodak moment(놓치기 아까운 명장면)처럼 명사로 사용되지요.

(a) : 넌 임신했을 경우의 상황을 신중히 고려해봐야 해. 빈칸 뒤의 명사 consequence와 함께 쓰이며 문맥상 적절한 것은 동사 weight(심사숙고하다, 비교검토하다)입니다. weigh the consequences는 '결과를 신중히 고려하다'는 뜻이 되지요.

9
I don't have _____ idea what you're talking about.
- ☐ (a) any
- ☐ (b) some

10
If you don't like this bag, I have _____.
- ☐ (a) another
- ☐ (b) one

11
You're facing a _____ task of creating a new marketing plan.
- ☐ (a) daunting
- ☐ (b) dozing

12
She has two brothers. One lives in Japan, and _____ lives in Korea.
- ☐ (a) another
- ☐ (b) the other

ANSWER 9-12

(a) : 난 네가 무슨 말 하는지 전혀 모르겠어. some은 '몇몇, 약간(의)'란 뜻의 대명사와 형용사로, 긍정문에서 주로 사용됩니다. 반면, any는 '몇몇, 조금(의)'란 뜻의 대명사와 형용사로, 의문문과 부정문에 주로 사용되지요. 본 문장은 부정문이므로 any가 정답입니다.

(a) : 이 가방이 마음에 들지 않으면, 다른 것도 있어요. another는 이미 언급한 것 이외에 '또 다른 하나'란 뜻을 가진 대명사 혹은 형용사로 사용될 수 있습니다. 문맥상 이게 마음에 들지 않는다면, 또 다른 게 있다고 말하는 것이 적절하므로 another가 정답입니다.

(a) : 당신은 새로운 마케팅 계획의 힘겨운 직무에 직면하고 있어요. 빈칸 뒤의 명사 task(직무, 일)과 어울리는 형용사는 daunting(위압적인)입니다. daunting task는 그 정도가 위압적으로 느껴질 만큼 '힘든 일'을 뜻하죠.

(b) : 그녀는 오빠가 둘이야. 한 명은 일본에 살고, 다른 한 명은 한국에 살아. 두 가지의 명사를 정해진 순서 없이 언급할 때, 처음 언급하는 것은 one, 나머지 하나는 the other라고 해야 합니다.

LEVEL 02
QUIZ 07

13 They introduced themselves to _____ another.

- (a) one
- (b) two

14 I support your idea, but _____ people don't.

- (a) another
- (b) the other

15 I feel like _____ back with a good movie.

- (a) kicking
- (b) throwing

ANSWER 13-15

(a) : 그들은 서로서로를 소개했어요.   '서로 서로'란 의미로 사용되는 표현이 바로 each other와 one another입니다. two another란 표현은 존재하지 않습니다.

(b) : 난 네 생각을 지지하지만, 다른 사람들은 그렇지 않아.   another(또 다른 하나)와 the other(나머지~들)는 둘 다 명사를 수식해주는 형용사로 쓰일 수 있습니다. 단, another의 경우 뒤에 수식해주는 명사가 단수이어야 하지요. 빈칸 뒤의 명사는 people로 복수이므로 정답은 the other입니다.

(a) : 나 좋은 영화나 보면서 쉬고 싶어.   kick back은 '쉬다, 쉬면서 즐기다'란 뜻을 가진 표현입니다. 신발을 멀리 차(kick)버리고 소파에 등(back)을 기대고 누워서 쉬는 모습을 떠올리시면 쉽게 이해가 가실 겁니다.

배운 문장들을 대화문으로 다시 한 번 말해봐요!

아래의 한글로 된 문장들이 영문으로 기억나세요? 앞에서 다 배웠던 문장입니다.
빈 칸에 영문을 직접 적어보고 대화문을 연습해 보세요.

1
A How big is his head?
걔 머리가 얼마나 크니?

B _____ .
그의 머리는 말보다 더 커요.

2
A _____ ? What did I do wrong?
너 나한테 불만이 뭐야? 내가 뭘 잘못했는데?

B I just don't like you.
난 그냥 네가 싫어.

Famous Movie Lines

What's worse than the total agony of being in love?
사랑에 빠졌을 때 보다 더 큰 고통이 어디 있어요?

[Love Actually(러브 액츄얼리)] 중에서

3

A _____.
이 책은 20대이신 분들을 위한 겁니다.

B Really? I thought it was for children.
정말요? 전 아이들을 위한 거라고 생각했었죠.

4

A _____.
저 문은 닫힐 필요가 있어요.

B How about this one?
이 문은요?

5

A _____.
저희는 당신의 여권을 복사해야 해요.

B But I left it at home.
하지만 집에다 두고 왔는걸요.

6

A _____.
난 네가 무슨 말 하는지 전혀 모르겠어.

B Well, that's because you're stupid.
음, 그건 네가 멍청하기 때문이지.

7

She has two brothers. One lives in Japan, _____.
그녀는 오빠가 둘이야. 한 명은 일본에 살고, 다른 한 명은 한국에 살아.

B **What a coincidence! My brother lives in Korea, too.**
이런 우연이! 우리 오빠도 한국에 살아.

8

A **I support your idea, but _____.**
난 네 생각을 지지하지만, 다른 사람들은 그렇지 않아.

B **What should I do to convince them?**
그들을 설득하려면 내가 무엇을 해야 할까요?

9

A _____.
나 좋은 영화나 보면서 쉬고 싶어.

B **That's a good idea.**
좋은 생각이다.

ANSWER

1. His head is bigger than that of a horse | 2. What's your beef with me | 3. This book is for those who are in their 20s | 4. That door needs to be shut | 5. We need to xerox your passport | 6. I don't have any idea what you're talking about | 7. the other lives in Korea | 8. the other people don't | 9. I feel like kicking back with a good movie

LEVEL 02
Quiz 08

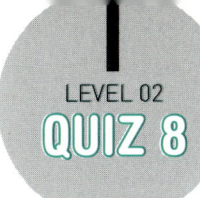

LEVEL 02
QUIZ 8

1. We need to go _____.
- (a) quiet somewhere
- (b) somewhere quiet

2. Jake speaks in a _____ voice.
- (a) gently
- (b) gentle

3. I've been set up, and that is a bunch of _____.
- (a) bull
- (b) dull

4. What's the _____ date of the coupon?
- (a) expiration
- (b) annihilation

ANSWER 1-4

(b) : 우리 어디 조용한 데로 갈 필요가 있어. 형용사는 주로 명사의 앞에 위치해 명사를 수식해주는 역할을 합니다. 단, 명사의 끝이 -where/-one/-thing/-body로 끝나는 경우 형용사는 반드시 명사의 뒤에서 명사를 수식해 주어야 합니다.

(b) : 제이크는 부드러운 목소리로 말을 해요. 빈칸은 명사 앞에 위치하고 있으므로 명사 voice를 수식해 주는 형용사가 필요합니다. gentle은 '부드러운'이란 뜻의 형용사이고 gently는 '부드럽게'란 뜻의 부사입니다.

(a) : 난 함정에 빠진 거고, 그것은 전부 거짓말이야. bullshit은 '거짓말'을 뜻합니다. 간단히 줄여서 bull이란 단어로 사용될 수도 있습니다.

(a) : 그 쿠폰의 유효기간이 어떻게 되요? 빈칸 뒤의 명사 date와 함께 쓰이며 문맥상 어울리는 명사는 expiration(만료, 종결)입니다. expiration date은 유효기간, 혹은 우유와 같은 상품의 유통기간을 뜻합니다.

159

LESSON 02
QUIZ 08

5. Every politician _____ a dirty secret.
- (a) has
- (b) have

6. My boyfriend _____ to America on business.
- (a) often goes
- (b) goes often

7. That was a close _____. You almost ran over my cat.
- (a) ring
- (b) call

8. Max is rich. He makes over two hundred _____ a year.
- (a) bland
- (b) grand

ANSWER 5-8

(a): 모든 정치인들은 더러운 비밀을 가지고 있다. 수량표현 every(모든)와 each(각각의)는 가산명사의 단수와 함께 쓰고 단수 취급합니다. 즉, every politician은 정치인들 모두를 묶음으로 보는 개념이 아니라, 모든 정치인들을 각각의 개별 단위로 적용해서 말하는 것입니다. 그러므로 동사는 단수인 has가 와야 하죠.

(a): 내 남자친구는 종종 사업차 미국에 가. always(항상)/often(종종)/usually(보통) 등등의 빈도부사들은 보통 일반동사 앞 또는 be동사나 조동사의 뒤에 위치해야 합니다. 그러므로 보기 (a)가 정답이지요.

(b): 큰일 날 뻔 했어. 너 거의 내 고양이를 칠 뻔 했다고. 빈칸 앞의 형용사 close와 함께 쓰이며, 문맥상 어울리는 명사는 call입니다. close call은 '위기일발, 일촉즉발'이란 뜻으로 굉장히 위험했지만 가까스로 그 위기를 모면했을 때 사용할 수 있는 표현이지요.

(b): 맥스는 부자야. 걘 1년에 20만 달러 이상을 벌어. grand는 속어로 '1천 달러 단위'를 뜻합니다. 즉, 10 grand는 만 달러, 100 grand는 십만 달러가 되는 거죠.

LESSON 02
QUIZ 08

9

That movie is _____ appropriate for kids.
- [ ] (a) hardly not
- [ ] (b) hardly

10

Hey, here _____.
- [ ] (a) is your book
- [ ] (b) your book is

11

I'm afraid she might _____ on weight loss pills.
- [ ] (a) OD
- [ ] (b) MJ

12

Most writers don't make a _____ writing books.
- [ ] (a) living
- [ ] (b) working

ANSWER 9-12

(b) : 저 영화는 아이들에게 거의 적합하지 않아요. 부사 hardly는 '거의 ~ 없는'이란 뜻으로 이미 부정의 의미를 담고 있습니다. 그러므로 not을 뜻하는 부정과 함께 쓰일 수 없는 것이죠.

(a) : 야, 여기 네 책 있어. here(여기)와 there(저기)는 장소부사입니다. 원래 장소 부사는 문장의 뒤에 위치하나, 만약 이들이 문장의 앞으로 올 경우에는 주어와 동사의 위치가 바뀌어 '동사 + 주어'의 어순이 되어야 합니다. 단, 주어가 대명사일 경우에는 원래 어순인 '주어 + 동사'를 그대로 유지해 줍니다. cf) Here it is.(여기 있어.)

(a) : 그녀가 다이어트 약을 과다복용 할까봐 걱정돼. OD는 동사 overdose(과다복용하다)에서 스펠링 O와 D만 따서 만든 단어입니다. 의미는 똑같이 '과다복용하다'입니다. 주로 약물이나 술의 과다복용을 말할 때 사용되곤 합니다.

(a) : 대부분의 작가들은 책을 써서 생계를 유지하지 않아요. make a living은 '생계를 꾸리다'란 뜻으로 사용됩니다. living이 '생계'란 의미가 있기 때문이죠. 문맥상 working은 빈칸에 적절하지 않습니다.

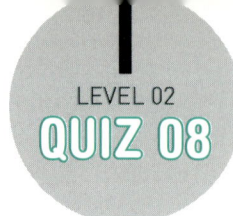

LEVEL 02
QUIZ 08

13. The snow was coming down _____ last night.
- ☐ (a) hard
- ☐ (b) hardly

14. We won't stay here _____.
- ☐ (a) long
- ☐ (b) longly

15. Right after breakfast, I want you to _____ the lawn.
- ☐ (a) mow
- ☐ (b) crop

16. I don't like him, because he acts like an _____.
- ☐ (a) ant
- ☐ (b) ass

ANSWER 13-16

(a): 어제 밤에 눈이 심하게 내리고 있었어요.　보통 형용사에 -ly를 붙이면 부사가 되지만, 그렇지 않은 경우들도 있습니다. hard는 '힘든, 단단한'이란 형용사 뜻과 함께 '열심히, 심하게'란 부사 뜻도 같이 가지고 있지요. 반면, hardly는 '거의 ~않는'이란 표현이므로 혼동치 않도록 유의해야 합니다.

(a): 우린 여기에 오래 머무르지 않을 거야.　빈칸은 부사가 들어가야 할 자리입니다. long은 형용사와 부사로 모두 사용되는 단어 중 하나로 형용사일 경우는 '긴'이란 뜻이지만, 부사일 경우에는 '오래, 오랫동안'이란 뜻이 됩니다.

(a): 아침먹자마자, 네가 잔디를 깎아 주길 바란다.　lawn은 보통 주택에 같이 딸린 잔디밭을 의미합니다. 이와 함께 짝이 되어 쓰이는 동사는 mow로, mow the lawn은 '잔디를 깎다'란 뜻이 되지요. crop은 농작물을 심거나 수확하는 것을 뜻합니다.

(b): 난 걔 좋아하지 않아, 왜냐면 걔 비열하게 굴거든.　ass는 속어로 '엉덩이'라는 뜻이지만, 사람을 가리켜 ass라고 할 때는, '멍청하거나 혹은 비열한 사람'을 뜻하는 단어가 됩니다.

배운 문장들을 대화문으로 다시 한 번 말해봐요!

아래의 한글로 된 문장들이 영문으로 기억나세요? 앞에서 다 배웠던 문장입니다.
빈 칸에 영문을 직접 적어보고 대화문을 연습해 보세요.

1
A _____.
우리 어디 조용한 데로 갈 필요가 있어.

B How about my place?
우리 집은 어때?

2
A _____.
제이크는 부드러운 목소리로 말을 해.

B Yeah, but only when he speaks to women.
응, 여자들한테 말할 때만 그렇지.

Famous Movie Lines

Just because there are things I don't remember, doesn't make my actions meaningless. The whole world doesn't just disappear when you close your eyes, does it?

단지 내가 기억하지 못하는 것들이 있다고 해서, 제 행동들이 무의미한 것은 아니에요.
온 세상이 눈을 감는다고 해서 사라져 버리는 것은 아니잖아요, 그렇죠?

[Memento(메멘토)] 중에서

163

3

A _____?
그 쿠폰의 유효기간이 어떻게 돼요?

B Until the end of this month.
이번 달 말까지요.

4

A _____. You almost ran over my cat.
큰일 날 뻔 했어. 너 거의 내 고양이를 칠 뻔 했다고.

B I'm so sorry. I didn't see her.
정말 미안해요. 보질 못했어요.

5

A Max is rich. _____.
맥스는 부자야. 그는 1년에 20만 달러 이상을 벌어.

B Wow, he's loaded.
와우, 정말 돈이 많구나.

6

A Hey, _____.
야, 여기 네 책 있어.

B Oh, thanks. I was looking for this.
아, 고마워. 찾고 있었는데.

7

A _____.
그녀가 다이어트 약을 과다 복용할까봐 걱정스러워.

B Yeah, I'm really worried about her.
응, 정말로 그녀가 걱정 돼.

8
A _____.
대부분의 작가들은 책을 써서 생계를 유지하지 않아요.

B Then, what else do they do?
그러면, 그들은 그 외에 무엇을 하나요?

9
A Right after breakfast, _____.
아침을 먹자마자, 네가 잔디를 깎아주길 바란다.

B Can I do it after lunch?
점심식사 이후에 하면 안 될까요?

10
A What do you think of Jack?
넌 잭에 대해 어떻게 생각하니?

B I don't like him, because _____.
난 걘 좋아하지 않아. 왜냐면 걘 비열하게 굴거든.

ANSWER

1. We need to go somewhere quiet | 2. Jake speaks in a gentle voice | 3. What's the expiration date of the coupon | 4. That was a close call | 5. He makes over two hundred grand a year | 6. here is your book. | 7. I'm afraid she might OD on weight loss pills | 8. Most writers don't make a living writing books | 9. I want you to mow the lawn | 10. he acts like an ass

LEVEL 02
Quiz 09

1

The book is _____ hard that no one can understand it.

☐ (a) so ☐ (b) such

2

It was _____ a cold day that we didn't go out.

☐ (a) so
☐ (b) such

3

I stepped in dog _____.

☐ (a) crab
☐ (b) crap

4

I'm sorry, but your name is not on the _____ list.

☐ (a) expecting ☐ (b) waiting

ANSWER 1-4

(a) : 그 책은 너무 어려워서 누구도 이해할 수 없어.   부사인 so는 명사가 없는 부사 혹은 형용사를 강조해 주며 '매우' 란 뜻으로 해석됩니다. 'so + 형용사/부사 + that ~'의 형태로 '너무 ~해서 ~하다'라는 의미로 쓰이죠.

(b) : 너무 추운 날이어서 우린 나가지 않았어.   such는 명사와 함께 쓰인 형용사를 강조해 주며 '매우'란 뜻으로 해석됩니다. 'such + (a/an) + 형용사 + 명사 that ~'의 형태로 '너무 추운 날이어서 ~ 했다'라는 의미를 만드는 such가 정답이 되지요.

(b) : 나 개똥을 밟았어.   crap은 슬랭으로 '똥'을 의미합니다. 동사로도 사용되어 He crapped his pants.라고 하면 '그는 바지에 똥 쌌어.'란 뜻이 되는 거죠. 코미디 영화 등에서 가끔 들을 수 있는 표현이에요.

(b) : 죄송합니다만, 귀하의 이름이 대기자 명단에 없습니다.   빈칸 뒤의 명사 list와 어울려 쓰일 수 있는 동명사는 보기 중 waiting입니다. waiting list는 '대기자 명단'이란 뜻으로 통으로 외워두시면 됩니다.

LESSON 02
QUIZ 09

5. It usually takes _____ time to write a book.
- ☐ (a) long a quite
- ☐ (b) quite a long

6. There's a generation _____ between me and my sister.
- ☐ (a) gap
- ☐ (b) crack

7. Please come to the _____ desk to sign up for a library card.
- ☐ (a) circulation
- ☐ (b) rotation

8. I was _____ after two days of working late nights.
- ☐ (a) forested
- ☐ (b) bushed

ANSWER 5-8

(b) : 책을 쓰는 것은 보통 꽤 많은 시간이 걸려. quite은 강조부사 'a/an + 형용사 + 명사'로 이루어진 구의 앞에 위치해 이를 강조해 줄 수 있습니다. 본 문장에서와 같이 a long time은 '오랜 시간'이지만 quite a long time은 '꽤 오랜 시간'이란 뜻이 되는 거죠.

(a) : 나와 언니 사이에는 세대 차이가 있어요. 명사 generation(세대)와 어울리는 것은 보기 중 gap(큰 차이, 격차)입니다. generation gap은 '세대차이'란 뜻이므로 통으로 외워두세요.

(a) : 도서관 계정을 만드시려거든 대출/반납 창구로 와주세요. 빈칸 뒤의 명사 desk와 어울리며 문맥상 도서관과 관련된 어휘가 와야 하므로 정답은 circulation입니다. circulation desk는 도서관의 '대출/반납 창구'를 뜻하지요.

(b) : 이틀간의 야근으로 난 피곤했어. bushed는 슬랭으로 '피곤한'이란 뜻입니다. tired와 같은 의미로 사용되지요. 마치 숲 속에 갇혀서 하루 종일 나무만 자른 사람처럼 힘이 든다는 의미죠. forest 역시 '숲'이란 뜻이 있지만, forested라고 말하지는 않습니다.

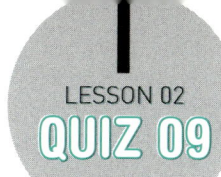

LESSON 02
QUIZ 09

9 The dinner special is available _____ Friday.
- (a) until
- (b) by

10 You have to finish the report _____ the end of the week.
- (a) until
- (b) by

11 Let's _____ Burger King on the way home! I'm starving.
- (a) slap
- (b) hit

12 How much is the delivery _____ for online grocery shopping?
- (a) debt
- (b) charge

ANSWER 9-12

(a) : 저녁특선은 금요일까지 이용 가능합니다.   전치사 by와 until의 차이점은 until의 경우 '상태나 동작이 그 시점까지 지속'됨을 뜻하는 데 반해서, by는 '상태나 동작이 그 시점까지만 완료'되어야 함을 의미합니다. 본 문장에서 저녁특선은 금요일까지 계속 지속되어야하므로 전치사 until이 적절합니다.

(b) : 너 주말까지는 보고서를 끝내야 해.   주말까지 보고서를 완료하라는 말은 '상태나 동작이 그 시점까지 완료'되어야 한다는 것을 의미합니다. 즉, 주말까지 계속해서 보고서를 끝내는 '지속'의 의미가 아닌 '기한'의 의미입니다. 그러므로 적절한 전치사는 by입니다.

(b) : 집에 가는 길에 버거킹에 가자. 나 엄청 배고파.   동사 hit은 슬랭으로 특정한 장소 혹은 어딘가로 '가다'란 의미로 사용됩니다. 참고로 샤워하러 갈 때도 Let's hit the shower.와 같이 동사 hit을 사용해서 말할 수 있지요.

(b) : 온라인으로 식료품 쇼핑하는데 배달료가 얼마죠?   우리나라와는 달리 서양에서는 모든 배달에 따로 '배달료'가 붙습니다. 보기중 명사 delivery와 어울리는 것은 charge이며, 배달료를 delivery charge라고 하지요.

169

LEVEL 02 QUIZ 09

13. Mr. Trump will be visiting Tokyo _____ two weeks.

☐ (a) for　　　☐ (b) during

14. The international meeting is going to be held _____ March.

☐ (a) for　　　☐ (b) during

15. Don't forget to _____ moisturizer before going to bed.

☐ (a) apply　　　☐ (b) wear

16. You must like him because he's a _____ dresser.

☐ (a) sharp　　　☐ (b) jagged

ANSWER 13-16

(a) : 트럼프 씨가 동경을 2주 동안 방문하실 겁니다.　보기에 주어진 전치사 for와 during은 둘 다 '~동안'으로 해석됩니다. 단, for의 경우 숫자를 포함한 시간 표현 앞에 쓰여 '얼마나 오래'인지를 알려주지만, during은 명사 앞에 위치하여 '언제 일어나는지'를 알려준다는 차이점이 있습니다.

(b) : 국제회의가 3월 동안에 열릴 예정입니다.　빈칸 뒤에 언급된 March(3월)는 숫자를 포함한 시간 표현이 아닌 언제 일어나는가를 알려주는 명사입니다. 그러므로 전치사 during이 정답이 되어야 하죠.

(a) : 잠자러 가기 전에 보습제를 바르는 거 잊지 마.　명사 moisturizer(보습제)와 어울려 함께 쓰일 수 있는 동사는 보기 중 apply입니다. apply a moisturizer는 '보습제를 바르다'란 뜻이 되지요. 동사 wear는 make-up과 함께 어울려 사용될 수 있습니다. cf) wear make-up(화장하다)

(a) : 넌 그가 옷을 잘 입어서 그를 좋아하는 게 틀림없어.　빈 칸 뒤의 명사 dresser와 어울리는 형용사는 보기 중 sharp(옷차림이 세련된)입니다. sharp dresser는 '옷을 잘 입는 사람'이란 뜻이죠. jagged는 '뾰족한'이란 뜻으로 dresser와 같이 어울릴 수 없습니다.

Speak! Speak!

배운 문장들을 대화문으로 다시 한 번 말해봐요!

아래의 한글로 된 문장들이 영문으로 기억나세요? 앞에서 다 배웠던 문장입니다.
빈 칸에 영문을 직접 적어보고 대화문을 연습해 보세요.

1
A Have you read this book?
너 이 책 읽어 봤니?

B Yeah, but _____.
응, 하지만 그 책은 너무 어려워서 누구도 이해할 수 없어.

2
A Did you go to the theme park yesterday?
너희들 어제 놀이동산에 갔었니?

B No, _____.
아니, 너무 추운 날이어서 우린 나가지 않았어.

Famous Movie Lines

I'm not a smart man.. but I know what love is.

전 똑똑한 남자는 아니에요. 하지만 사랑이 뭔지는 안다고요.

[Forrest Gump(포레스트 검프)] 중에서

3
- **A** _____.
  나 개똥을 밟았어.
- **B** Ew, that's gross.
  우, 더러워.

4
- **A** My name is Jason Patrick.
  제 이름은 제이슨 패트릭입니다.
- **B** I'm sorry, but _____.
  죄송합니다만, 귀하의 이름은 대기자 명단에 없습니다.

5
- **A** _____.
  나와 언니 사이에는 세대 차이가 있어요.
- **B** How old is your sister?
  네 언니 몇 살인데?

6
- **A** _____.
  너 주말까지는 보고서를 끝내야 해.
- **B** Put your worries to rest.
  걱정 붙들어 매세요.

7
- **A** _____! I'm starving.
  집에 가는 길에 버거킹에 가자. 나 엄청 배고파.
- **B** Okay. It's my treat.
  그래. 내가 쏜다.

8

A _____?
온라인으로 식료품 쇼핑하는데 배달료가 얼마죠?

B It depends on the distance.
거리에 따라 다릅니다.

9

A _____.
국제회의가 3월 동안에 열릴 예정입니다.

B Are you going to attend the meeting?
그 회의에 참석하실 예정인가요?

10

A _____.
잠자러 가기 전에 보습제를 바르는 거 잊지 마.

B But I ran out of mine.
하지만 내건 다 떨어졌는데.

ANSWER

1. the book is so hard that no one can understand it | 2. it was such a cold day that we didn't go out | 3. I stepped in dog crap | 4. your name is not on the waiting list | 5. There's a generation gap between me and my sister | 6. You have to finish the report by the end of the week | 7. Let's hit Burger King on the way home | 8. How much is the delivery charge for online grocery shopping | 9. The international meeting is going to be held during March | 10. Don't forget to apply moisturizer before going to bed

LEVEL 02
Quiz 10

LEVEL 02
QUIZ 10

1. What did you order _____ the restaurant?
- (a) on
- (b) at

2. Dr. Phil will visit Sydney _____ Thursday.
- (a) on this
- (b) this

3. Why are you trying to _____ the subject?
- (a) modify
- (b) change

4. I'm sorry I didn't do my homework. I totally _____ out.
- (a) spaced
- (b) erased

ANSWER 1-4

(b) : 너 식당에서 뭘 주문했니? 장소를 나타내는 전치사에는 at, in, on이 있습니다. in이 상대적으로 가장 큰 공간 내의 장소 앞에 오고, on은 표현과의 접촉을 통해 그 위에 있다는 것을 나타낼 때 쓰입니다. 반면, at은 특정한 장소, 지점, 번지의 앞에 쓰이므로 빈칸에 적절한 전치사는 at이 됩니다.

(b) : 닥터 필이 이번 주 목요일에 시드니를 방문할거예요. 시간을 나타내는 전치사인 at, on, in은 this, next, last, every, all, any 등이 함께 쓰인 시간표현 앞에는 위치하지 않습니다. 그러므로 정답은 (b)이죠.

(b) : 왜 화제를 바꾸려고 하는 거예요? 빈칸 뒤의 명사 subject(주제)와 어울려 쓰여 '화제를 변경하다'라는 표현을 만드는 동사는 change입니다. 동사 modify는 무언가를 더 향상시키기 위한 목적으로 수정을 가하는 것이므로 본 문장과는 어울리지 않습니다.

(a) : 숙제를 안 해서 죄송해요. 완전히 깜박했어요. space는 명사로 '우주'란 뜻 말고도, 동사로 '잊어버리다, 까먹다'란 뜻도 있습니다. 마치 넓디 넓은 우주에서 무언가를 잊어버리면 못 찾는 것처럼, 무언가에 대한 기억도 저 멀리 사라져 버렸다는 느낌을 주는 어휘이지요.

LESSON 02
QUIZ 10

Please give me a call _____ your convenience.
- (a) in
- (b) at

Jack was standing _____ the two vehicles.
- (a) between
- (b) among

A broken hand works, but not a broken _____ .
- (a) heart
- (b) leg

I think I had one _____ many.
- (a) too
- (b) two

ANSWER 5-8

(b) : 편하신 때에 전화를 주세요.   전치사 at, in, on 을 활용한 다양한 숙어표현들이 있습니다. 그 중에 하나가 바로 at one's convenience 로 '~가 편한 때에' 란 뜻이 되죠. 전치사 in 을 활용한 숙어표현에는 in one's opinion(~의 의견으로는), in order(정돈되어) 등이 있지요.

(a) : 잭이 두 대의 차량 사이에 서 있었어요.   전치사 between과 among은 둘 다 '~ 사이에'란 뜻이지만, between은 '둘' 사이를 의미하고 among은 '셋' 이상의 사이를 의미할 때 사용된다는 차이점이 있습니다. 여기서는 two라고 언급해 주고 있으므로 between이 정답이 되지요.

(a) : 다친 손은 쓸 수 있지만, 상처받은 가슴은 그렇지 않다.   사랑하는 사람과의 헤어짐으로 가슴이 무너져 본 경험이 있으신가요? 그까지 다친 손가락쯤이야 반창고 붙이면 별 탈 없지만, 이별로 인해 상처받은 가슴은 그렇지 않다는 의미이지요.

(a) : 나 너무 많이 마신 것 같아.   have one too many는 have one drink too many와 같습니다. 보통 외국 사람들은 술을 피쳐로 시켜서 먹지 않고, 한 잔씩 시켜서 마시는데요, 이 한 잔씩의 술을 너무 많이 마셨다는 뜻이지요.

LESSON 02
QUIZ 10

9. Yoga is getting popular _____ the world.
- (a) across
- (b) under

10. The number of foreign visitors has dropped _____ 10 percent.
- (a) by
- (b) along

11. All's _____ in love and war.
- (a) fair
- (b) trick

12. You can't leave until you _____ an agreement.
- (a) decide
- (b) reach

ANSWER 9-12

(a) : 요가가 전 세계적으로 인기를 얻고 있어요. '전 세계적으로'란 뜻을 가진 표현은 across the world / around the world / all over the world가 있습니다. 보기 중에 정답은 (a) 이지요.

(a) : 외국인 관광객의 수가 10 퍼센트 하락했어요. 전치사 by는 '~가 ~만큼 올랐다(떨어졌다)'와 같이 수치의 증감을 표현할 때 '~만큼'이란 뜻으로 사용할 수 있습니다. 반면, 전치사 along은 방향을 나타내며 '~을 따라서'란 의미로 사용되지요.

(a) : 사랑과 전쟁에서는 모든 것이 정당하다. 전쟁에서 승리하기 위해서는 수단과 방법을 가리지 않아야 합니다. 즉, 아무리 비열한 방법이라 해도 그것은 정당한(fair)것이 되죠. 그리고 사랑 또한 그것을 쟁취하기 위해서는 어떤 수단도 정당화될 수 있다는 것, 가슴 터질 것 같은 사랑을 해보신 분들은 충분히 공감이 가실 겁니다.

(b) : 협의에 도달할 때까지 당신은 떠날 수 없습니다. 명사 agreement와 함께 어울려 쓰일 수 있는 동사는 reach입니다. reach an agreement는 '협의에 도달하다'란 뜻이죠.

LEVEL 02
QUIZ 10

13. I've never heard _____ such a thing.
- ☐ (a) for
- ☐ (b) of

14. You may stay _____ go as you please.
- ☐ (a) so
- ☐ (b) or

15. We were late due to a traffic _____ downtown.
- ☐ (a) cram
- ☐ (b) jam

16. There's only one happiness in life: to love and _____.
- ☐ (a) be beaten
- ☐ (b) be loved

ANSWER 13-16

(b) : 난 결코 그런 것 들어본 적이 없어. 전치사 of는 '~의'란 뜻 외에, '~에 관하여'라는 뜻도 가지고 있습니다. hear of는 '~에 관해 듣다'란 의미가 되지요.

(b) : 계시거나 혹은 가시거나 좋으실 대로 하세요. 동사 stay와 go 사이에 들어가야 할 적절한 등위접속사를 찾는 문제입니다. 문맥상 '계속 있거나 또는 가거나' 둘 중 하나의 사안이기 때문에 정답은 or(또는)가 됩니다.

(b) : 저희는 교통체증 때문에 지각했어요. 빈칸 앞 명사 traffic과 함께 어울리는 또 다른 명사는 보기 중 jam입니다. traffic jam은 '교통체증'이란 뜻이 되는 거죠. cram은 보통 동사로만 사용되며 무언가를 '쑤셔넣다'는 뜻이 있습니다.

(b) : 인생에서의 유일한 행복은 바로 사랑하는 것과 사랑받는 것이다. 사랑을 하고(love), 사랑 받는 것(be loved) 것 만큼 행복한 순간이 있을까요? 이 세상 최고의 기적은 내가 좋아하는 사람이 나를 좋아해 주는 것이라는 말처럼 여러분도 인생의 soul mate를 찾길 바랍니다.

배운 문장들을 대화문으로 다시 한 번 말해봐요!

아래의 한글로 된 문장들이 영문으로 기억나세요? 앞에서 다 배웠던 문장입니다.
빈 칸에 영문을 직접 적어보고 대화문을 연습해 보세요.

1

A _____.
닥터 필이 이번 주 목요일에 시드니를 방문할 거예요.

B I'm really looking forward to meeting him.
그를 만나는 게 정말 기대가 되요.

2

A _____?
너 왜 화제를 바꾸려고 하는 거야?

B Because I don't want to talk about it.
그것에 대해 얘기하고 싶지 않으니까.

Famous Movie Lines

You must trust that your beliefs are unique even though others may think them odd or unpopular.

비록 다른 사람들이 너희들의 신념을 이상하거나 시류에 뒤떨어진 것이라 생각할 지라도, 너희들만의 독창적인 것임을 신뢰하라.

[Dead Poets Society(죽은 시인의 사회)] 중에서

3
A I'm sorry I didn't do my homework. _____.
숙제를 안 해서 죄송해요. 완전히 깜박했어요.

B I'm giving you a detention. Come to my classroom after school.
벌칙을 줘야겠구나. 방과 후에 내 교실로 오거라.

4
A _____.
편하신 때에 전화를 주세요.

B Okay. I'll call you later.
알았어요. 나중에 전화할게요.

5
A Do you think he will get over her?
그가 그녀를 잊을 수 있을 거라고 생각하니?

B I don't think so. _____.
그럴 것 같지 않아. 다친 손은 쓸 수 있지만, 상처받은 가슴은 그렇지 않으니까.

6
A Are you okay?
너 괜찮니?

B _____.
나 너무 많이 마신 것 같아.

7
A How is the tourism industry doing?
관광 사업은 어떤가요?

B Not good. _____.
좋지 않아요. 외국인 관광객의 수가 10% 하락했어요.

8

A Jack stole Mike's girlfriend while Mike was in the army.
잭은 마이크가 군대에 있는 동안 마이크의 여자친구랑 사귀었어.

B Well, _____.
음. 사랑과 전쟁에서는 모든 것이 정당한 거잖아.

9

A _____.
계시거나 가시거나 좋으실 대로 하세요.

B I'll stay.
계속 있겠습니다.

10

A There's only one happiness in life: _____.
인생에서의 유일한 행복은 바로 사랑하는 것과 사랑받는 거야.

B No, I don't think so. The only happiness in life is money.
아니, 난 그렇게 생각 안 해. 유일한 삶의 행복은 돈이라고.

ANSWER

1. Dr. Phil will visit Sydney this Thursday | 2. Why are you trying to change the subject | 3. I totally spaced out | 4. Please give me a call at your convenience | 5. A broken hand works, but not a broken heart | 6. I think I had one too many | 7. The number of foreign visitors has dropped by 10% | 8. all's fair in love and war | 9. You may stay or go as you please | 10. to love and be loved

QUIZ SHOW
LEVEL 03

LEVEL 03
Quiz 01

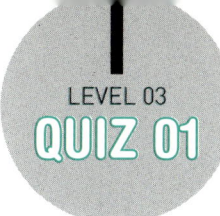

LEVEL 03
QUIZ 01

1. I loved his idea _____ pretended like I didn't like it.
- ☐ (a) and
- ☐ (b) but

2. I cleaned my room _____ took a shower.
- ☐ (a) but
- ☐ (b) and

3. Think of all the beauty still _____ around you and be happy.
- ☐ (a) left
- ☐ (b) disappeared

4. There will be a major flu _____ this coming fall.
- ☐ (a) plague
- ☐ (b) epidemic

ANSWER 1-4

1. (b) : 난 그의 아이디어가 맘에 들었지만 좋아하지 않는 척 했어. 구와 구 사이에 들어가야 할 접속사를 찾는 문제입니다. 문맥상 마음에 들었지만 그렇지 않은 척 했다는 뜻이 되어야 하므로 의미상 정답은 but(그러나)가 됩니다.

2. (b) : 나 방 청소를 하고 샤워를 했어. 문맥상 방을 청소하고 샤워를 했다고 하는 것이 적절합니다. 그러므로 접속사 and(그리고)가 정답이 되지요.

3. (a) : 주변에 아직 남아있는 아름다운 것들을 생각하고 행복하세요. 《안네의 일기》로 유명한 안네 프랑크 씨가 남긴 명언입니다. 그녀의 일기에는 가장 힘든 순간에서도 희망의 끈을 놓지 않고 작은 것에 행복해 하던 그녀의 모습이 고스란히 담겨져 있죠. 아무리 힘들더라도 절대 포기하지 않으시길 바랍니다.

4. (b) : 다가오는 올 가을에 대규모 유행성 독감이 찾아올 겁니다. 빈칸 앞의 명사 flu와 어울릴 수 있는 것은 epidemic(유행병, 전염병)입니다. flu epidemic은 '유행성 독감'이란 뜻이죠.

LESSON 03
QUIZ 01

5. This car is not only fast _____ also safe.
- (a) but
- (b) so

6. You can get there either by car or _____.
- (a) walking on foot
- (b) on foot

7. I just got that _____ to buy me a diamond ring.
- (a) locker
- (b) sucker

8. All things are difficult _____ they are easy.
- (a) after
- (b) before

ANSWER 5-8

(a) : 이 차는 빠를 뿐만 아니라 안전하기도 해요. not only A but also B는 'A 뿐만 아니라 B도'란 뜻입니다. 이처럼, 둘 이상의 단어가 짝을 이루어 쓰이는 접속사를 상관접속사라고 하죠. 이 때, A와 B는 단어-단어, 구-구, 절-절 과 같이 서로 대등한 것끼리 연결이 되어야 한다는 것 꼭 기억하세요.

(b) : 넌 그 곳에 차를 타거나 걸어서 갈 수 있어. either A or B는 'A 또는 B 중 하나'란 뜻입니다. 상관접속사이므로 A와 B는 서로 짝이 맞는 것이어야 하지요. 문장에서 A에 해당하는 것은 by car(구)이므로 빈칸 역시 구가 등장해야 합니다.

(b) : 저 얼빵한 놈이 내게 다이아몬드를 사주게 만들다니. sucker는 바보처럼 상대방의 거짓말이나 속임수에 쉽게 넘어가는 사람을 가리키는 표현입니다. 발음 나는 대로 써서 sucka라고 적기도 합니다.

(b) : 모든 것은 쉬워지기 전에는 어렵다. 무엇을 하든 처음부터 쉬운 것은 없습니다. 모든 일이 처음에는 어렵지만 꾸준히 하다보면 어느 샌가 익숙해져 쉬워지는 것 뿐이죠. 영어공부도 마찬가지겠죠?

LESSON 03
QUIZ 01

9 He goes to bed late _____ late.
- (a) gets up
- (b) and gets up

10 My sister and I _____ to the same school.
- (a) goes
- (b) go

11 He was a total basket _____ after the accident.
- (a) case
- (b) can

12 Dreams are today's _____ to tomorrow's questions.
- (a) answers
- (b) questions

ANSWER 9-12

(b) : 그는 밤에 늦게 자러 가고 늦게 일어나. 등위접속사 없이 단어와 단어, 구와 구가 바로 연결될 수는 없습니다. 본 문장에서는 goes to bed late와 gets up late이 접속사 and로 연결되어져야만 완전한 문장이 되는 거죠.

(b) : 제 여동생과 저는 같은 학교에 다녀요. 주어가 접속사 and 로 연결될 경우 주어를 복수로 보아 동사 역시 복수동사가 와야 합니다. 그러므로 정답은 (b)이죠.

(a) : 그는 그 사고 후에 완전 정신줄을 놓아버렸어. basket case는 사람을 지칭하는 용어로 무언가에 대한 극심한 걱정으로 인해서 정신줄을 놓아버린 사람을 가리켜 쓸 수 있는 표현입니다. 과거 유명했던 록 그룹 Green Day의 히트곡 제목이 〈Basket Case〉이기도 했었죠.

(a) : 꿈은 내일의 질문에 대해 오늘이 알려주는 답이다. 미래는 불확실성으로 가득합니다. 하지만 그 불확실성이 두려워 오늘 아무것도 하지 않으면 안 되겠죠. 꿈을 가지고 오늘도 열심히 사는 것이 미래의 불확실성을 풀 수 있는 정답일 겁니다.

LEVEL 03
QUIZ 01

13. Either cash or credit cards _____ accepted in this shop.
- ☐ (a) is
- ☐ (b) are

14. We went neither to a movie _____ to dinner.
- ☐ (a) nor
- ☐ (b) or

15. James doesn't have many friends because he's so _____.
- ☐ (a) dorky
- ☐ (b) dragon

16. The committee will _____ a meeting at least twice a year.
- ☐ (a) hold
- ☐ (b) admit

ANSWER 13-16

(b) : 이 가게에서는 현금 또는 신용카드를 쓸 수 있습니다.   주어가 상관접속사 either A or B 로 연결될 경우 B에 동사의 수를 일치시켜야 합니다. 본 문장에서 B에 해당하는 것은 credit cards, 즉 복수이므로 정답은 are이 되는 거죠.

(a) : 우린 영화 보러도 식사하러도 가지 않았어요.   상관접속사 neither A nor B는 'A 도 B 도 아닌' 이란 뜻입니다. 본 문장에서는 neither가 언급되고 있으므로 빈칸은 nor가 들어가야 하죠. 접속사 or는 상관접속사 either A or B (A 또는 B)로 사용됩니다.

(a) : 제임스는 굉장히 띨띨하기 때문에 친구들이 많지 않아.   dorky는 사람의 성격을 나타내는 형용사로, 멍청한 행동을 하는 사람. 어리석게 행동하는 사람을 dorky하다고 말할 수 있지요.

(a) : 위원회는 최소한 1년에 두 번 회의를 엽겁니다.   빈칸 뒤의 명사 meeting(회의)과 어울려 쓸 수 있는 동사는 보기 중 hold입니다. hold a meeting은 '회의를 열다, 회의를 개최하다'란 뜻이지요. '자백하다'란 뜻을 가진 동사 admit은 목적어로 meeting을 받을 수 없습니다.

배운 문장들을 대화문으로 다시 한 번 말해봐요!

아래의 한글로 된 문장들이 영문으로 기억나세요? 앞에서 다 배웠던 문장입니다.
빈 칸에 영문을 직접 적어보고 대화문을 연습해 보세요.

1
A What did you do?
너 뭐했니?

B _____ .
내 방 청소를 하고 샤워를 했어.

2
A _____ this coming fall.
다가오는 올 가을에 대규모 유행성 독감이 찾아올 겁니다.

B I guess our kids should be vaccinated against it.
우리 아이들이 그것에 대한 예방 주사를 맞아야겠군요.

Famous Movie Lines

The only way you're gonna survive is to do what you think is right.
세상에서 살아남는 유일한 방법은 네가 옳다고 생각하는 일을 하는 것이다.
[Saturday Night Fever(토요일 밤의 열기)] 중에서

3

A Wow, you have a nice ride.
와우, 너 차 좋구나.

B Yeah, _____.
응, 이 차는 빠를 뿐만 아니라 안전하기도 해요.

4

A _____.
넌 그 곳에 차를 타거나 걸어서 갈 수 있어.

B Then, I'll just take a taxi.
그러면, 그냥 택시를 탈래.

5

A Don't you think this task is too difficult?
이 임무가 너무 어렵다고 생각하지 않니?

B Hey, _____.
야, 모든 것은 쉬워지기 전에는 어려운 거야.

6

A _____.
그는 밤에 늦게 자러가고 늦게 일어나.

B Why? Doesn't he have a job?
왜? 갠 직장이 없니?

7

A _____.
그는 그 사고 후에 완전 정신줄을 놓아버렸어.

B Poor Jack. It must have been terrifying for him.
안됐다. 그건 그에게 끔찍했던 게 분명해.

8
A You really didn't do anything on your anniversary?
너희들 기념일에 정말 아무것도 안 했니?

B No, _____.
응, 우린 영화 보러도 식사하러도 가지 않았어.

9
A James doesn't have many friends because _____.
제임스는 굉장히 띨띨하기 때문에 친구들이 많지 않아.

B That figures. Every time I saw him, he was always alone.
그럴 줄 알았어. 그를 볼 때마다, 항상 혼자더라.

10
A How often will the committee hold a meeting?
위원회가 얼마나 자주 회의를 열까요?

B _____.
위원회는 최소한 1년에 두 번 회의를 열겁니다.

ANSWER

1. I cleaned my room and took a shower | 2. There will be a major flu epidemic | 3. this car is not only fast but also safe | 4. You can get there either by car or on foot | 5. all things are difficult before they are easy | 6. He goes to bed late and gets up late | 7. He was a total basket case after the accident | 8. we went neither to a movie nor to dinner | 9. he's so dorky | 10. The committee will hold a meeting at least twice a year

LEVEL 03
Quiz 02

LEVEL 03
QUIZ 02

1. In college, I majored both in psychology _____ art.
- (a) and
- (b) or

2. I'm going to marry Jim because he's _____.
- (a) loaded
- (b) jaded

3. This is one of the best tourist _____ in Italy.
- (a) attractions
- (b) amusement

4. Vision is the art of seeing the _____.
- (a) invincible
- (b) invisible

ANSWER 1-4

(a) : 대학 시절에 전 심리학과 예술을 전공했어요. 상관접속사 both A and B는 'A와 B 둘 다'란 뜻입니다. 앞에 both가 언급되고 있기에 당연히 빈칸은 and가 들어가야 하지요.

(a) : 짐이 돈이 많기 때문에 난 그와 결혼할 거야. 동사 load는 총을 '장전하다'란 뜻이 있는데요. 그 의미가 확장되어서 수동태로 누군가를 loaded라고 하면, 총알이 만땅 장전된, 즉 '돈이 많은'이란 뜻이 됩니다. 참고로, jaded는 '지친 지루한'이란 뜻으로, 문맥상 어울리지 않기에 정답이 될 수 없습니다.

(a) : 이곳이 이탈리아에서 최고의 관광 명소 중 하나야. 빈칸 앞의 명사 tourist와 함께 쓰이며 문맥상 어울리는 표현은 tourist attraction입니다. attraction은 '사람의 마음을 끄는 것'이란 뜻으로 tourist attraction은 '관광명소'를 뜻하지요. 참고로, 놀이동산은 영어로 amusement park라고 합니다.

(b) : 비전은 보이지 않는 것을 보는 예술이다. 유명한 소설 《걸리버 여행기》의 작가가 남긴 명언입니다. 우린 모두 비전을 가지라고 외치지만 대부분의 사람들은 이미 뻔한 것, 누구나 알고 있는 것들을 그대로 답습하는 습성이 강하죠. 진정한 비전은 남들에게 보이지 않는(invisible) 무언가를 볼 때 만들어 지는 게 아닐까요?

LESSON 03
QUIZ 02

Jack is _____ than Mike.
- (a) heavier
- (b) heavy

Seoul is _____ city in Korea.
- (a) more advanced
- (b) the most advanced

The hardest work is to go _____.
- (a) ballistic
- (b) idle

I was _____ that night.
- (a) stoned
- (b) coned

ANSWER 5-8

(a) : 잭은 마이크보다 더 무거워요. 두 대상을 비교하여 '~보다 -한'이란 뜻을 만들어 주는 비교급 표현은 '형용사/부사의 비교급 + than'을 사용합니다. 본 문장에서는 두 대상의 비교 성질인 형용사 heavy의 비교급인 heavier가 정답입니다.

(b) : 서울은 한국에서 가장 앞선 도시예요. 비교급의 경우 'than + 비교대상'이 문장의 끝에 언급되어야 하지만, 최상급 구문에서는 'of ~/in ~/that 절'을 사용해 여러 대상들 중 혹은 어느 그룹에서 최고임을 나타내 줍니다. 본 문장에서는 in Korea, 즉, 한국에 있는 여러 도시들 중 최고라는 뜻이 되어야 함으로 정답은 (b)가 되죠.

(b) : 가장 힘든 일은 아무것도 하지 않는 것이다. 부지런하기로 따지면 우리나라 사람들과 1, 2등을 다투는 유대인의 격언입니다. go idle은 '게을러지다'란 뜻이고, go ballistic은 '화를 내다'란 뜻입니다. 부지런한 유대인들에게 일을 하지 않고 게을러지는 것만큼 힘든 일이 또 있었을까요?

(a) : 전 그날 밤 약에 취해있었어요. stoned는 슬랭으로 '약물에 취한 혹은 술에 취한'이란 뜻입니다. 미드 등에서 종종 들을 수 있는 표현이죠. 비슷한 의미로 사용되는 형용사 high(취한, 약한)도 같이 기억해 두세요.

LESSON 03
QUIZ 02

FX 5 is the _____ fastest car in the world.
- ☐ (a) second
- ☐ (b) two

You skin is _____ ice.
- ☐ (a) as coldly as
- ☐ (b) as cold as

You think Korea is in Africa? You're _____ as shit.
- ☐ (a) thin
- ☐ (b) thick

Never let your memories be greater than your _____.
- ☐ (a) dreams
- ☐ (b) past

ANSWER 9-12

(a) : FX 5는 세계에서 두번째로 빠른 차예요. 'the + 서수 + 최상급'은 '몇 번째로 가장 ~ 한'이란 뜻을 만듭니다. 즉, 본 문장에서 the second fastest car는 '세계에서 두 번째로 빠른 차'란 뜻이 되는 거죠.

(b) : 네 피부는 얼음만큼이나 차가워.   두 대상의 동등함을 나타내 주는 원급 표현은 'as + 형용사/부사의 원급 + as'의 형태를 취하며 해석은 '~만큼 ~한' 이란 뜻이 됩니다. 본 문장의 경우 '차갑다' 즉, be cold가 비교의 대상이 되므로 빈칸은 부사인 coldly가 아닌 형용사 cold가 정답이 되어야 하는 거죠.

(b) : 한국이 아프리카에 있다고? 너 완전 꼴통이구나.   thick은 형용사로 '굉장히 멍청한'이란 뜻이 있습니다. shit은 속어로 '똥'을 뜻하는데요, 멍청함의 정도가 지나쳐서 거의 꼴통수준인 경우인 사람을 가리켜 thick as shit이라고 말할 수 있습니다.

(a) : 과거에 만족하기보다 꿈을 더 크게 가져라.   사람들과 얘기를 모두들 과거에 잘 나갔던 적이 있다고들 말합니다. 하지만, 과거의 기억(memories)에 연연하기 보다는 미래의 잘 나가는 나를 위해서 노력하는 것이 더 현실적이고 중요하겠죠. 본 명언은 다시 말해, 과거의 추억, 기억을 현재 내가 가져야 할 꿈보다 더 크게 여겨서는 안 된다는 겁니다.

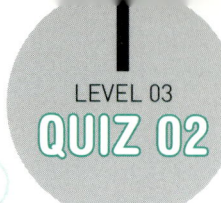

13
Jane spoke _____ she could.
- (a) as quietly as
- (b) as quiet as

14
The new screen is _____ the old screen.
- (a) twice as big as
- (b) as twice big as

15
Rules were made to be _____.
- (a) broken
- (b) painted

16
Treat your friends like family, and your family like _____.
- (a) friends
- (b) slaves

ANSWER 13-16

(a) : 제인은 최대한 조용하게 말을 했어요.   원급 비교는 'as + 형용사/부사의 원급 + as'의 형태를 취합니다. 본 문장에서 비교가 되는 것은 '조용히 말하다'인 speak quietly이기 때문에, as~as 사이에는 형용사 quiet이 아닌 부사 quietly가 되어야 합니다.

(a) : 새 화면은 오래된 화면보다 두 배 만큼 커요.   '~배 만큼 ~하다'란 뜻을 만들기 위해서는 '배수사 + as + 원급 + as'의 형태를 취합니다. 본 문장에서 비교가 되는 성질은 크기를 나타내는 형용사 big이므로 twice as big as가 정답입니다.

(a) : 규칙은 깨지기 위해 만들어 진 것이다.   아무리 좋은 규칙들(rules)이라고 하더라도 시대의 흐름에 역행하고, 옳지 않다면 과감히 깨야 한다는 문장입니다.

(a) : 친구를 가족처럼 가족을 친구처럼 대하라.   친구와 가족 모두 소중한 존재들이지만, 이들을 대하는 태도에는 분명 차이가 있습니다. 친구를 가족처럼 더 깊은 마음으로 대하고, 가족을 친구처럼 더 친근하게 대하면 서로의 관계가 더 돈독해지는 계기가 될 겁니다.

Speak! Speak!

배운 문장들을 대화문으로 다시 한 번 말해봐요

아래의 한글로 된 문장들이 영문으로 기억나세요? 앞에서 다 배웠던 문장입니다.
빈 칸에 영문을 직접 적어보고 대화문을 연습해 보세요.

1
A I'm going to marry Jim because _____.
짐이 돈이 많기 때문에 난 그와 결혼할 거야.

B Boy, you're such a gold digger.
이런, 너 정말 된장녀구나.

2
A _____.
이곳이 이탈리아에서 최고의 관광명소 중 하나입니다.

B The Colosseum is huge!
콜로세움은 정말 엄청나군요!

Humor

About three things I am absolutely positive of.
First, Edward is a vampire. Second, there was a part of him that thirsted for my blood.
And third, I was unconditionally and irrevocably in love with him.

대략 세 가지는 분명하다.
첫째, 에드워드는 흡혈귀다. 둘째, 또한 그는 내 피를 원한다는 거다.
그리고 셋째, 난 아무 조건없이, 돌이킬 수도 없이, 그와 사랑에 빠져 버렸다.

[Twilight(트와일라잇)] 중에서

3

A _____.
비전은 보이지 않는 것을 보는 예술이야.

B That's why we try to hire creative people.
그게 우리가 창조적인 사람들을 고용하려고 하는 이유죠.

4

A _____.
서울은 한국에서 가장 앞선 도시예요.

B No doubt about it.
의심할 것도 없죠.

5

A You know what? _____.
그거 알아? 가장 힘든 일은 아무것도 하지 않는 거야.

B Yeah, doing nothing makes people crazy.
응. 아무것도 하지 않는 건 사람들을 미치게 해.

6

A _____.
네 피부는 얼음만큼이나 차가워.

B But my heart is as hot as the sun.
하지만 내 가슴은 태양만큼이나 뜨거워.

7

A You think Korea is in Africa? _____.
한국이 아프리카에 있다고? 너 완전 꼴통이구나.

B Sorry, stupidity runs in my family.
미안. 멍청한 게 우리 집안 내력이야.

8

A _____.
과거에 만족하기 보다는 꿈을 더 크게 가져라.

B I'll always keep that in mind.
그 말을 항상 기억하고 있을게요.

9

A How big is the new screen?
새 화면은 얼마나 큰가요?

B _____.
새 화면은 오래된 화면보다 두 배 만큼 더 커요.

10

A But isn't it against the rules?
하지만 그건 규칙에 위배되는 거 아닌가요?

B Hey, _____.
야, 규칙은 깨지기 위해 만들어진거야.

ANSWER

1. he's loaded | 2. This is one of the best tourist attractions in Italy | 3. Vision is the art of seeing the invisible | 4. Seoul is the most advanced city in Korea | 5. The hardest work is to go idle | 6. Your skin is as cold as ice | 7. You're thick as shit | 8. Never let your memories be greater than your dreams | 9. The new screen is twice as big as the old screen | 10. rules were made to be broken

LEVEL 03
Quiz 03

LEVEL 03
QUIZ 03

1. _____ you rise, the harder you fall.
   - ☐ (a) The faster
   - ☐ (b) The fast

2. The more you have, the more _____.
   - ☐ (a) do you want
   - ☐ (b) you want

3. It took a lot of _____ coming in here.
   - ☐ (a) guts
   - ☐ (b) bladders

4. The word *impossible* is not in my _____.
   - ☐ (a) dictionary
   - ☐ (b) organizer

ANSWER 1-4

(a) : 더 빠르게 올라갈수록, 더 심하게 추락한다. 'the + 비교급~, the + 비교급~'은 '더 ~할수록, 더~ 하다'는 뜻의 표현입니다. 본 문장은 빠르게 높은 위치에 올라가면 결국 더 심하게 추락한다는 뜻이지요. 그러므로 정답은 형용사 fast(빠른)의 비교급을 사용한 (a)가 됩니다.

(b) : 더 많이 가질수록, 더 많이 바란다.   본 문장은 '더 ~ 할수록, 더 ~하다'란 뜻의 'the + 비교급~, the + 비교급~' 구문의 문장입니다. 보기 (a)와 같이 의문문의 형태가 비교급 뒤에 올 수는 없습니다.

(a) : 이곳에 들어오는 데는 많은 용기가 필요했어요.   guts는 '용기, 배짱'을 의미하는 슬랭 표현입니다. 상대방에게 '넌 그럴만한 용기가 없어'란 말은 You don't have the guts.라고 말할 수 있지요.

(a) : 불가능이란 말은 내 사전에 없다.   프랑스의 위대한 장군이자 제 1대 대통령인 나폴레옹이 한 명언입니다. 그의 이런 불굴의 의지가 유럽 대륙을 호령할 수 있었던 바탕이 아니었을까요?

LESSON 03
QUIZ 03

5. The left side of my face is _____ smaller than the right.
- ☐ (a) much
- ☐ (b) very

6. I couldn't agree with you _____.
- ☐ (a) more
- ☐ (b) many

7. Success is never a _____ : it is a journey.
- ☐ (a) starting point
- ☐ (b) destination

8. Jack is _____ because he leaves no room for compromise.
- ☐ (a) pigheaded
- ☐ (b) levelheaded

ANSWER 5-8

(a) : 내 얼굴의 왼쪽이 오른쪽 보다 훨씬 더 작아.　smaller(더 작은)와 같은 비교급 앞에 붙어서 '훨씬'이란 뜻으로 그 의미를 강조해 주는 것들에는 much, even, still, far 등이 있습니다. 부사 very는 원급형용사를 강조할 때 사용됩니다.

(a) : 네 말에 전적으로 동의해.　비교급을 활용한 몇 가지 관용표현 중에 하나가 바로 I couldn't agree with you more입니다. 직역하면, '네 말에 더 많이 동의할 수는 없다'는 의미로 즉, '네 말에 전적으로 동의하다'라는 뜻이 되지요. 같은 맥락에서 It couldn't be better.(더할 나위 없다.)는 관용표현도 같이 외워두세요.

(b) : 성공은 종착점이 아니라 여정이다.　성공을 최종적인 결과에만 집착해서 생각해선 안 됩니다. 얼마나 많은 노력을 기울여 올바른 과정을 거쳐 왔느냐 역시 중요하죠.

(a) : 잭은 똥고집이야. 타협의 여지를 남겨두지 않거든.　pigheaded는 '똥고집의, 옹고집의'란 뜻을 가지고 있습니다. 문맥상 타협의 여지를 남겨두지 않는다고 했으니 보기 (b)의 levelheaded(분별력 있는)는 어울리지가 않죠.

LESSON 03
QUIZ 03

9. She is _____ the most adorable girl I've ever seen.
- (a) by far
- (b) by long

10. The only way to have a friend is to be _____.
- (a) two
- (b) one

11. It's a _____ watching 〈Home Alone〉 on Christmas Eve.
- (a) drag
- (b) dung

12. Residents took the _____ to conserve water.
- (a) initiative
- (b) prescription

ANSWER 9-12

(a) : 그녀는 내가 본 여자 중 가장 사랑스럽다. 빈칸 뒤에 최상급 형용사 the most adorable(가장 사랑스러운)이 있으므로 빈칸은 최상급을 강조해 줄 수 있는 by far가 정답이 됩니다.

(b) : 친구를 사귀는 유일한 방법은 친구가 되는 것이다. 미국의 유명한 사상가 에머슨이 남긴 말입니다. 친구를 얻기 위한 방법은 바로 스스로가 상대방의 친구가 될 때입니다. 즉, 내가 마음을 열지 않는다면, 과연 누가 나와 친구가 되고 싶어 할까요?

(a) : 크리스마스 이브에 〈나홀로 집에〉를 보는 건 짜증나는 일이야. drag는 슬랭으로 '별로 내키지 않는 일, 어려움'을 뜻합니다. 또는 사람을 가리켜 drag라고 하면 '지루한 사람, 재미없는 사람'이란 뜻이 되지요.

(a) : 주민들은 물을 아끼기 위해서 솔선수범했다. 동사 take와 짝을 이루며 주민들이 물을 아끼기 위해서 하는 행동으로 적절하기 위해선 명사 initiative가 필요합니다. take the initiative는 '솔선수범하다, 앞장서서 하다'란 뜻이 되죠. prescription는 '처방'이란 뜻으로 fill the prescription(처방대로 약을 짓다)처럼 쓰입니다.

LEVEL 03
QUIZ 03

13. We believe _____ she was in China at the time.
- ☐ (a) them
- ☐ (b) that

14. The boss suggested that we _____ dinner together at his house.
- ☐ (a) having
- ☐ (b) have

15. To _____ is to halve your rights and double your duties.
- ☐ (a) marry
- ☐ (b) divorce

16. I hope I didn't _____ you too much inconvenience.
- ☐ (a) cause
- ☐ (b) result

ANSWER 13-16

(b) : 저희는 그녀가 그 당시 중국에 있었다고 믿고 있습니다. 'that + 주어 + 동사~'로 이루어진 that절이 이끄는 명사절은 '~라는 것' 혹은 '~라고'란 뜻으로 해석이 되며, 문장에서 주어, 목적어, 보어로 사용될 수 있습니다. 빈칸을 포함한 We believe 이하의 문장은 동사 believe의 목적어이지요. 그러므로 정답은 that입니다.

(b) : 사장님은 집에서 함께 식사를 하자고 제안하셨어요. that절 이끄는 동사 suggest의 목적어 역할을 합니다. that 절이 이끄는 명사절은 'that + 주어 + 동사~'의 어순을 취하므로 that절의 주어 역할을 하는 we 뒤에 준동사 having은 올수가 없지요.

(a) : 결혼하는 것은 권리는 반감하고 의무는 배가시키는 것이다. 독일의 철학자 쇼펜하우어가 결혼에 대해 말한 명언입니다. 결혼을 하는 것(to marry)이 얼마나 책임감이 따르는 일인지를 잘 설명해주고 있지요. to부정사의 명사적 용법이 반복해서 쓰인 이 명언을 꼭 외워두도록 하세요.

(a) : 제가 지나치게 폐를 끼치지 않았기를 바랍니다. 직접목적어에 해당하는 convenience와 어울려 쓸 수 있는 동사는 보기 cause입니다. cause inconvenience는 '불편을 끼치다'란 뜻이죠.

배운 문장들을 대화문으로 다시 한 번 말해봐요

아래의 한글로 된 문장들이 영문으로 기억나세요? 앞에서 다 배웠던 문장입니다.
빈 칸에 영문을 직접 적어보고 대화문을 연습해 보세요.

1
A : Being promoted too fast is not a good thing.
너무 빨리 승진되는 건 좋은 게 아냐.

B : Yeah, I think so. _____.
응, 나도 그렇게 생각해. 더 빠르게 올라갈수록, 더 심하게 추락하지.

2
A : _____.
더 많이 가질수록, 더 많이 바라는 거야.

B : You say that because you already have everything.
넌 이미 모든 걸 가졌기에 그렇게 말하는 거야.

Humor

Q : Do you know which bus crossed the ocean?
A : Columbus!

Q : 너 어느 버스가 바다를 건넜는지 아니?
A : 콜럼버스지!

3

A Do you really think you can pull this off?
너 정말 네가 이걸 해낼 수 있다고 생각하는 거야?

B _____.
불가능이란 말은 내 사전엔 없어.

4

A _____.
내 얼굴의 왼쪽이 오른쪽 보다 훨씬 더 작아.

B Yeah, I can see that.
응 그런 것 같아.

5

A We should spend less money this month.
우리 이번 달은 돈을 더 적게 써야 해.

B _____.
네 말에 전적으로 동의해.

6

A _____ because he leaves no room for compromise.
잭은 똥고집이야. 타협의 여지를 남겨두지 않거든.

B Yeah, it's almost impossible to negotiate with him.
응, 그와 협상을 하는 건 거의 불가능하지.

7

A I don't know how to make friends.
친구를 어떻게 만들어야 하는지 모르겠어요.

B It's simple. _____.
간단해. 친구를 사귀는 유일한 방법은 친구가 되는 것이야.

8

A _____.
크리스마스 이브에 〈나홀로 집에〉를 보는 건 짜증나는 일이야.

B Tell me about it. I've seen that movie like 10 times.
동감이야. 난 그 영화 10번은 봤어.

9

A _____.
결혼하는 것은 권리는 반감하고 의무는 배가시키는 것이야.

B Yeah, getting married is a serious commitment.
응, 결혼하는 것은 중대한 약속이지.

10

A I think I should go. I hope _____.
저 가봐야겠네요. 제가 지나치게 폐를 끼치지 않았기를 바래요.

B No, not at all. We really enjoyed your company.
아뇨, 전혀요. 함께 해서 정말로 즐거웠습니다.

ANSWER

1. The faster you rise, the harder you fall | 2. The more you have, the more you want | 3. The word *impossible* is not in my dictionary | 4. The left side of my face is much smaller than the right | 5. I couldn't agree with you more | 6. Jack is pigheaded | 7. The only way to have a friend is to be one | 8. It's a drag watching 〈*Home Alone*〉 on Christmas Eve | 9. To marry is to halve your rights and double your duties | 10. I didn't cause you too much inconvenience.

LEVEL 03
Quiz 04

LEVEL 03
QUIZ 04

1. Do you know _____ bailed on us?
- (a) why did he
- (b) why he

2. What do you think _____ they are planning?
- (a) X (아무것도 들어가지 않음)
- (b) what

3. A ship is _____ in harbor, but that's not what ships are for.
- (a) safe
- (b) dangerous

4. I'm just reading the _____ section.
- (a) franchised
- (b) classified

ANSWER 1-4

(b) : 너 왜 그가 우릴 두고 급히 떠난 지 아니?   간접의문문은 다른 문장 안에 포함된 의문문을 뜻합니다. 일반의문문이 '의문사 + 동사 + 주어'의 어순을 취한다면 간접의문문은 '의문사 + 주어 + 동사'의 어순을 취한다는 차이점이 있지요.

(a) : 넌 그들이 뭘 계획하고 있다고 생각하니?   본 문장은 Do you think ~?에 의문문인 What are they planning?을 간접의문문으로 고쳐 서로 결합시킨 것입니다. 이처럼, 간접의문문이 결합되는 전체 의문문의 동사가 think, believe, suggest 등일 경우, 간접의문문의 의문사는 문장의 맨 앞으로 온다는 것을 꼭 기억해 두세요.

(a) : 항구에 정박해 있는 배는 안전하지만, 그것이 배가 존재하는 목적은 아니다.   배의 목적은 항해이지, 단지 안전하다는 이유로 항구에 머문다면 그건 배가 제 구실을 한다고 볼 수 없습니다. 우리의 인생에서 안전한 것만 추구하면 무엇을 이룰 수 있을까요? 다치고 아프더라도 도전하는 삶이 진정한 삶이 아닐까 생각해 봅니다.

(b) : 난 그냥 광고란을 읽고 있던 중이야.   빈칸 뒤의 명사 ad(=advertisement : 광고)와 어울리는 형용사 역할의 과거분사는 classified입니다. classified는 '분류된, 항목별의'란 뜻으로, classified ads 또는 classified section은 외국 신문에 마련되어 있는 '항목별 광고란'을 지칭하는 용어입니다.

LESSON 03
QUIZ 04

How _____!
- (a) she is cute
- (b) cute she is

How _____!
- (a) beautifully she dances
- (b) beautiful she dances

I _____ him when he called me an airhead.
- (a) decked
- (b) harbored

Please tell me what your price _____ is.
- (a) range
- (b) degree

ANSWER 5-8

(b) : 그녀는 정말로 귀엽구나! How 감탄문은 'How + 형용사/부사 + 주어 + 동사'의 어순을 취해야 합니다. 본 문장은 She is cute.(그녀는 귀엽다.)란 문장을 감탄문으로 표현하는 것이므로 How cute she is!가 되는 거죠. 참고로, 이 때 '주어 + 동사'는 생략되어 간단히 How cute!라고 말해줄 수도 있답니다.

(a) : 그녀는 정말로 아름답게 춤을 추는구나! 본 문장은 she dances beautifully.를 감탄문 형태로 말하는 겁니다. 즉, 동사 dance를 수식해 주는 것이므로 how 뒤에는 형용사 beautiful이 아닌 부사 beautifully가 위치해야 하죠. 'How + 부사 ~'로 이어지는 감탄사의 끝에 붙은 '주어 + 동사'는 생략될 수 없답니다.

(a) : 걔가 날 멍청이라고 불렀을 때, 난 걔를 때렸어. deck은 동사로 '때리다'란 뜻이 있답니다. 즉, I decked him은 I hit him과 같은 의미가 되지요.

(a) : 생각하고 계시는 가격범위를 제게 말씀해 주세요. 명사 price와 함께 어울려 사용될 수 있는 것은 보기 중 (a) range입니다. price range는 '가격의 범위'를 뜻하지요. 반면, degree는 '각도, 온도' 등을 의미하기에 price와 함께 쓰이지 못합니다.

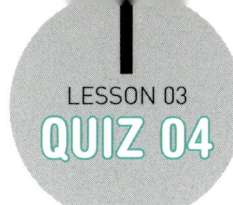

LESSON 03
QUIZ 04

9. What _____ you have!
- ☐ (a) a handsome sons
- ☐ (b) handsome sons

10. Jack is reading _____.
- ☐ (a) very interesting a book
- ☐ (b) a very interesting book

11. I don't wear my _____ when talking to people.
- ☐ (a) sunnies
- ☐ (b) rainies

12. I find the _____ I work, the more luck I have.
- ☐ (a) less
- ☐ (b) harder

ANSWER 9-12

(b) : 정말 잘 생긴 아드님들을 두셨군요!. What 감탄문은 'What + (a/an) + 형용사 + 명사 + 주어 + 동사'의 순으로 옵니다. 이때 감탄의 대상이 되는 명사가 복수일 경우에는 부정관사 a/an이 붙을 필요가 없게 되지요.

(b) : 잭은 매우 재밌는 책을 읽고 있는 중이야. 관사, 형용사, 부사 등의 여러 품사가 다 같이 명사를 수식해 주는 경우, '관사 + 부사 + 형용사 + 명사'의 어순을 취해주어야 합니다. 이 때 부사는 빠지고 '관사 + 형용사 + 명사'는 될 수 있지만, 형용사가 빠지고 '관사 + 부사 + 명사'가 될 수는 없다는 것 기억해 두세요.

(a) : 난 사람들하고 말할 땐 선글라스를 쓰지 않아. 패셔니스타들의 필수 아이템인 sunglasses는 속어로 sunnies라고 부릅니다.

(b) : 난 더 열심히 일을 할수록, 더 많은 행운이 생긴다는 걸 알았다. 'the 비교급 + the 비교급' 형식이 포함된 문장입니다. 일을 어떻게 해야지 더 많은 행운을 내가 가질 수(the more luck I have) 있을까요? 당연히 더 열심히 일을 해야 행운도 더 많이 따라 오겠죠?

211

LEVEL 03
QUIZ 04

13 He doesn't have _____ to spend with his family.
- ☐ (a) time enough
- ☐ (b) enough time

14 You're not being _____.
- ☐ (a) careful enough
- ☐ (b) enough careful

15 The more you sweat in peace, the less you _____ in war.
- ☐ (a) bleed
- ☐ (b) sleep

16 When I heard the news, I went _____.
- ☐ (a) bonkers
- ☐ (b) bunkers

ANSWER 13-16

(b) : 그는 그의 가족들과 함께하는 시간이 충분치 않아요.   enough(충분한)는 명사 앞에 오거나 형용사나 부사의 뒤에서 위치해 이들을 수식해 줍니다. 본 문장은 time이란 명사를 수식해 주는 것이기에, enough time이 정답이 되지요.

(a) : 너 조심하지 않고 있잖아.   본 문장에서 enough는 형용사 careful(조심하는, 신중한)을 수식해주어야 합니다. enough는 형용사나 부사의 뒤에 위치해야 한다는 것을 기억해 두세요.

(a) : 평화로울 때 땀을 더 흘리면, 전쟁 중에 피를 덜 흘린다.   미군 제독이었던 Hyman Rickover가 한 말입니다. 우리나라 군대에서도 '훈련 때 흘린 땀 한 방울이 실전에서의 피 한 방울이다'이란 말을 하곤 하는데요. 즉 철저한 준비가 전쟁 시 나의 생명은 물론 승리를 가져다 줄 수 있다는 명언입니다.

(a) : 그 소식을 들었을 때, 난 돌아버렸어.   go bonkers는 go crazy 또는 go wild와 같은 뜻입니다. 즉, '미쳐버리다, 돌아버리다'란 의미가 되는 거죠. 말도 안되는 소리를 하는 사람에게 Are you bonkers?(너 미쳤냐?)라고 질문을 할 수도 있지요.

Speak! Speak!

배운 문장들을 대화문으로 다시 한 번 말해봐요!

아래의 한글로 된 문장들이 영문으로 기억나세요? 앞에서 다 배웠던 문장입니다.
빈 칸에 영문을 직접 적어보고 대화문을 연습해 보세요.

1
A _____?
너 왜 그가 우릴 두고 급히 떠난건지 아니?

B **Your guess is as good as mine.**
나도 역시 잘 모르겠어.

2
A **I think they are up to something.**
쟤들 무언가 꿍꿍이가 있는 것 같아.

B **Yeah, you're right.** _____?
응. 네 말이 맞아. 넌 그들이 뭘 계획하고 있다고 생각하니?

Humor

Q : What did the traffic lights say to the car?
A : Don't look now! I'm changing!

Q : 교통신호등이 자동차에게 뭐라고 말했게?
A : 쳐다보지 마! 나 신호 바뀌고 있어! (=나 옷 갈아입고 있어!)
(* 언어유희 : change는 '옷을 갈아입다'란 뜻으로도 쓰인다.)

3
A | What are you reading in the newspaper?
너 신문에서 뭐 읽고 있는 중이니?

B | _____ .
난 그냥 광고란을 읽고 있던 중이야.

4
A | The girl in the picture is my daughter.
사진 속의 소녀가 내 딸이야.

B | _____ !
정말로 귀엽구나!

5
A | This is too steep.
이거 너무 비싼데요.

B | Then, _____ .
그렇다면, 생각하고 계시는 가격범위를 제게 말씀해 주세요.

6
A | _____ .
난 사람들하고 얘기할 때, 선글라스를 쓰지 않아.

B | Me, neither.
나도 안 써.

7
A | _____ .
난 더 열심히 일을 할수록, 더 많은 행운이 생긴다는 걸 알았어.

B | Right, it's like heaven helps those who help themselves.
맞아, 하늘은 스스로 돕는 자를 도와준다는 것처럼 말이지.

8

A _____ .
그는 그의 가족들과 함께 보내는 시간이 충분치 않아요.

B Is that why he is thinking of quitting the company?
그게 그가 회사를 그만두려고 생각중인 이유인가요?

9

A _____ .
평화로울 때 땀을 더 흘리면, 전쟁 중에 피를 덜 흘리는 거야.

B You're right. Let's practice more.
네 말이 맞아. 더 연습하자.

10

A When I heard the news, _____ .
그 소식을 들었을 때, 난 돌아버렸어.

B What was the news about?
무슨 소식이었는데?

ANSWER

1. Do you know why he bailed on us | 2. What do you think they are planning | 3. I'm just reading the classified section | 4. How cute she is | 5. Please tell me what your price range is | 6. I don't wear sunnies when talking to people | 7. I find the harder I work the more luck I have | 8. He doesn't have enough time to spend with his family | 9. The more you sweat in peace, the less you bleed in war | 10. I went bonkers

LEVEL 03
QUIZ 05

1. I'm going to _____ to the movies.
- (a) ask him out
- (b) ask out him

2. We've never seen _____ fish before.
- (a) such gigantic a
- (b) such a gigantic

3. The park across the street _____ very large.
- (a) being
- (b) is

4. Common sense is the collection of _____ acquired by age 18.
- (a) prejudices
- (b) novelty

ANSWER 1-4

(a) : 나 영화보자고 그에게 데이트 신청을 할 거야.　　ask out은 '데이트 신청하다'란 구동사입니다. 이처럼, '동사 + 부사'로 이루어진 구동사의 목적어가 대명사인 경우, '동사 + 대명사 + 부사'의 순으로 와야 합니다.

(b) : 우린 전에 그렇게 거대한 물고기를 본 적이 없어요.　　such로 명사를 수식할 때는 명사 앞에 'such + a/an + 형용사'의 어순이 와야 합니다. 그러므로 정답은 such a gigantic이지요.

(b) : 길 건너에 있는 공원은 굉장히 커요.　　across the street는 앞에 있는 명사 park를 수식해주는 전치사구입니다. 즉, 빈칸은 주어로 the park를 받는 동사가 와야 하는 자리인 거죠. 그러므로 is가 정답이 됩니다.

(a) : 상식이란 18세까지 얻어진 편견의 집합일 뿐이다.　　창의력의 지존, 아인슈타인 박사가 남긴 말입니다. 상식이라는 편견을 깨부수고 나와야 진정 창의적인 생각을 할 수 있겠죠.

LESSON 03
QUIZ 05

5. _____ he wrote this song is hard to believe.
- (a) It
- (b) That

6. The fact _____ she succeeded is apparent.
- (a) which
- (b) that

7. Do you know how to _____ this machine?
- (a) perform
- (b) operate

8. Nothing is more despicable than respect based on _____.
- (a) love
- (b) fear

ANSWER 5-8

(b) : 그가 이 노래를 썼다는 것을 믿기 어려워요.　that이 이끄는 명사절은 '~라는 것'으로 해석되기에 문장에서 주어 역할을 할 수 있습니다. that 명사절은 반드시 'that + 주어 + 동사~'의 어순을 취한다는 것 기억해 주세요. 대명사 It 다음에 대명사 he가 연이어 올 수는 없습니다.

(b) : 그녀가 성공했다는 사실은 명백합니다.　that 절은 the fact, the news, the idea와 같은 명사 뒤에서 명사와 같은 기능을 하는 동격절로 사용될 수 있습니다. 즉, the fact가 곧 she succeeded란 뜻이므로 '그녀가 성공했다는 그 사실'로 해석이 될 수 있는 거죠.

(b) : 너 이 기계 어떻게 작동시키는 건지 알고 있니?　기계 등을 '조작하다, 작동하다'의 뜻으로 사용되는 동사는 보기 중 operate입니다. 즉, operate the machine은 '기계를 작동하다'란 뜻이 되는 거죠. perform은 임무, 수술, 공연 등을 '실행하다, 수행하다'란 뜻으로 사용되는 동사지요.

(b) : 두려움이 기반이 된 존경심보다 더 비열한 것은 없다.　현실과의 타협을 비난하는 말로 가장 적절한 명언인 것 같습니다. 프랑스의 작가 알베르 카뮈가 한 말인데요, 권력의 힘에 기생충처럼 붙어 살아가는 사람들에게 들려주고 싶군요.

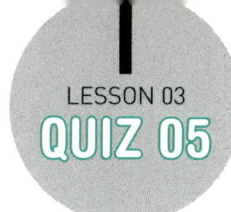

9

We are sure _____ he will get us the movie tickets.

☐ (a) of
☐ (b) that

10

I really don't know _____ I can help you.

☐ (a) if
☐ (b) them

11

The _____ line is that I don't trust you.

☐ (a) bottom
☐ (b) upper

12

I think your idea is _____.

☐ (a) dope
☐ (b) rope

ANSWER 9-12

(b) : 우리는 그가 우리에게 영화티켓을 가져다 줄 거라고 확신해요. sure, glad, afraid 등의 형용사는 that이 이끄는 명사절을 뒤에 취할 수 있습니다. be sure that(~라는 것을 확신하다)/be glad that(~해서 기쁘다)/be afraid that(~해서 유감이다) 등과 같이 외워두시면 되겠죠. 이 경우, that은 생략가능하다는 것 기억해 두세요.

(a) : 내가 널 도울 수 있을 지 정말 모르겠어. if가 이끄는 명사절 접속사는 불확실한 사실에 대해서 '~인지 아닌지'라고 해석이 되며 문장에서 목적어, 보어로 사용되지요. 본 문장에서는 동사 know의 목적어가 바로 if 명사절입니다.

(a) : 결론은 내가 너를 신뢰하지 않는다는 거야. bottom line은 '결론, 요점'이란 뜻으로 사용됩니다. 영어로 된 글 중에서 대부분의 핵심이 되는 내용은 종이의 맨 아래 줄에 등장하기 때문이죠.

(a) : 네 아이디어는 멋진 것 같아. dope는 슬랭으로 '멋진, 끝내주는'이란 뜻이 있습니다. 반면, 마약을 dope라고도 하니 헷갈리지 않도록 유의하셔야 해요. 미드 〈Prison Break〉에서는 연애편지를 쓰던 수크레에게 스코필드가 쓸 말을 불러주다 That's dope! 라고 하는 장면이 나와요.

LEVEL 03
QUIZ 05

13. _____ you'll marry him or not is up to you.
- (a) If
- (b) Whether

14. I'll lend you the money _____ you can pay me back soon.
- (a) if
- (b) whether

15. Let's _____ the money up and go our separate ways.
- (a) diva
- (b) divvy

16. _____ is more or less bunk.
- (a) History
- (b) Math

ANSWER 13-16

(b) : 네가 그와 결혼을 하든 말든 네가 결정할 일이야.   접속사 whether와 if는 둘 다 '~인지 아닌지'란 뜻으로 명사절을 이끌어 줍니다. 단, whether가 이끄는 명사절은 문장에서 주어, 목적어, 보어 역할을 모두 할 수 있지만, if가 이끄는 명사절은 문장에서 주어 역할을 할 수는 없다는 차이점이 있습니다.

(a) : 네가 곧 갚을 수 있다면 내가 돈을 빌려줄게.   빈칸 앞은 이미 완전한 문장으로 빈칸은 목적어를 만들어주는 if/whether가 이끄는 명사절의 자리가 아닙니다. 빈칸은 뒤에 위치한 부사절을 이끌어 주는 부사절 접속사의 자리지요. if의 경우 부사절 접속사로 쓰일 경우 '만약 ~ 라면' 이란 뜻으로 해석됩니다. 정답은 (a)입니다.

(b) : 돈을 나누고 각자의 길을 갑시다.   동사 divvy는 '분배하다, 나누다'란 뜻을 갖고 있습니다. 보통 전치사 up과 어울려 divvy up 으로 쓰이지요. 참고로 divvy는 슬랭으로 '바보'라는 뜻도 가지고 있습니다. cf) He is a divvy.(그는 바보야.)

(a) : 역사는 어느 정도는 속임수이다.   미국의 자동차 왕 Henry Ford가 남긴 명언입니다. 역사란 것이 100% 사실들을 기반으로 한 것도 아니고, 과거에 그런 역사가 있다고 하여, 그것이 반드시 현재에서도 되풀이 될 것이란 보장은 없는 것이죠.

배운 문장들을 **대화문으로 다시** 한 번 말해봐요!

아래의 한글로 된 문장들이 영문으로 기억나세요? 앞에서 다 배웠던 문장입니다.
빈 칸에 영문을 직접 적어보고 대화문을 연습해 보세요.

1
A _____ .
난 영화보자고 그에게 데이트 신청 할거야.

B Really? I didn't know you were into him.
정말? 난 네가 그를 좋아하는지 몰랐어.

2
A _____ .
길 건너에 있는 공원은 굉장히 커요.

B Yeah, it's the biggest park in Washington.
네, 그게 워싱턴에서 가장 큰 공원이에요.

Humor

A : One of my patients thinks that he's a taxi.
B : That's funny. Are you trying to cure him?
A : Why should I? Every day after work he carries me home.

A : 내 환자 중 한 명은 자신이 택시라고 생각해.
B : 그거 재미있군. 자넨 그를 치료하려고 노력중인건가?
A : 뭐 하러 그러나? 매일 퇴근 후에 그가 날 집까지 업어다 주는데.

3
A _____.
그가 이 노래를 썼다는 것은 믿기 어려워요.

B Yeah, who would've thought that he could write such a wonderful song?
응, 그가 그렇게 멋진 노래를 쓸 수 있을지 누가 생각이나 했겠어?

4
A _____.
그녀가 성공했다는 사실은 명백해요.

B Yeah, she really made it.
네, 그녀가 정말로 해냈어요.

5
A _____?
너 이 기계 어떻게 작동시키는 건지 알고 있니?

B Um.. wait here. I'll go get a manual.
음.. 여기서 기다려. 내가 가서 설명서 가져올게.

6
A _____.
우리는 그가 우리에게 영화티켓을 가져다 줄 거라고 확신해요.

B Yeah, he never once disappointed us.
응, 그는 한 번도 우리를 실망시킨 적 없어.

7
A _____.
난 정말로 내가 널 도울 수 있을지 모르겠어.

B Of course, you can. Please help me.
물론 할 수 있지. 제발 날 도와줘요.

8

A _____.
결론은 내가 널 신뢰하지 않는다는 거야.

B What should I do to earn your trust?
너의 신뢰를 얻기 위해서 내가 뭘 해야 하니?

9

A _____.
네가 그와 결혼을 하든 말든 네가 결정할 일이야.

B I know, but it's not easy to make up my mind.
알지만 마음을 정하는 게 쉽지가 않아요.

10

A _____.
네가 곧 갚을 수 있다면 내가 돈을 빌려줄게.

B I will. You have my word.
그러겠습니다. 약속 드리죠.

ANSWER

1. I'm going to ask him out to the movies | 2. The park across the street is very large | 3. That he wrote this song is hard to believe | 4. The fact that she succeeded is apparent | 5. Do you know how to operate this machine | 6. We are sure that he'll get us the movie tickets | 7. I really don't know if I can help you | 8. The bottom line is I don't trust you | 9. Whether you'll marry him or not is up to you | 10. I'll lend you the money if you can pay me back soon

LEVEL 03
Quiz 06

LEVEL 03
QUIZ 06

1. The important thing is _____ we love you.
- [ ] (a) them
- [ ] (b) that

2. Perhaps the worst sin in life is knowing _____ and not doing it.
- [ ] (a) right
- [ ] (b) wrong

3. I'd rather die like a man than live like a _____.
- [ ] (a) hero
- [ ] (b) coward

4. The _____ time for the flight to Chicago will be at 12:00.
- [ ] (a) boarding
- [ ] (b) flying

ANSWER 1-4

(b) : 중요한 것은 우리가 널 사랑한다는 거야.　'that + 주어 + 동사~'의 that이 이끄는 명사절은 '~것이라는 해석으로 be동사 뒤에 위치할 수 있습니다. 이 문장에서는 즉, 중요한 것은 '우리가 너를 사랑하는 것이다'란 의미가 만들어 지는 것이죠. 참고로 이 때 that은 생략이 불가능합니다.

(a) : 아마도 인생에서 가장 큰 죄악은 옳은 것을 알면서도 행동하지 않는 것이다.　흑인인권운동가인 마틴 루터 킹 목사님께서 남기신 명언입니다. 몰라서 저지르는 잘못보다, 알면서도 저지르는 잘못이 더 나쁜 짓일 겁니다. 좋은 말로는 현실 과의 타협이라고 하겠지만, 사실 그건 비겁한 변명일 뿐이죠.

(b) : 난 겁쟁이로 사는 것보다 차라리 남자답게 죽겠다.　미국 랩퍼 투팍의 또 다른 명언입니다. 대부분의 남자들이 공감할 수 있는 내용으로, 겁쟁이(like a coward)처럼 사느니 차라리 남자답게(like a man) 죽겠다는 말입니다.

(a) : 시카고 행 비행편의 탑승시각은 12시가 되겠습니다.　빈칸 뒤의 명사 time과 어울리며 문맥상 '탑승시각'이 오는 것이 적절합니다. '탑승'에 해당하는 영어단어는 보기 중 boarding이지요.

225

LESSON 03
QUIZ 06

5. If you think you can or you can't, you're _____.
- ☐ (a) wrong
- ☐ (b) right

6. That's what I call a shopping _____.
- ☐ (a) spree
- ☐ (b) plunge

7. Government of the people, by the people, _____ the people.
- ☐ (a) against
- ☐ (b) for

8. Why do men love reading _____ magazines?
- ☐ (a) dirty
- ☐ (b) messed

ANSWER 5-8

(b) : 할 수 있다고 생각하면 할 수 있고, 없다고 생각하면 못한다. 세상사 사람의 마음먹기에 달려있다고들 합니다. 미국의 자동차 왕 헨리포드가 남긴 이 명언은 결국 내가 어떻게 생각하느냐에 따라서 그 결과도 그에 맞춰서 발생한다는 뜻을 가진 말입니다.

(a) : 그게 바로 제가 과소비라고 부르는 거예요. shopping spree는 '과소비, 흥청망청 쇼핑하기'란 뜻으로 사용됩니다. spree가 무언가를 지나칠 정도로 많이 하는 걸 의미하기 때문이죠. plunge는 단순히 '내던지다, 빠지다'라는 뜻이죠.

(b) : 국민의 정부, 국민에 의한 정부, 국민을 위한 정부. 링컨 대통령이 남긴 명언입니다. 높은 자리에 올라갈수록 겸 손해지지 않고, 진정 국민을 위할 줄 알았던 위대한 대통령의 말이라 더 감동적인 것 같습니다.

(a) : 왜 남자들은 음란한 잡지들 읽는 것을 좋아하죠? 형용사 dirty는 '더러운'이란 뜻 이외에 '음란한, 외설한'이란 뜻도 가지고 있습니다. 외국의 야한 영화를 보면 주인공들이 서로 You're so dirty.라고 말하는 장면이 등장하곤 하죠.

LESSON 03
QUIZ 06

9. The car _____ is parked over there is not mine.
- (a) who
- (b) which

10. I have a friend _____ works for a secret government agency.
- (a) who
- (b) what

11. You should pick a college that fits like a _____.
- (a) glove
- (b) wig

12. He who does not hope to _____ has already lost.
- (a) win
- (b) tie

ANSWER 9-12

(b) : 저기에 주차되어 있는 차는 내 것이 아냐.   형용사절의 형태는 '관계사 + (주어) + 동사 ~'의 형태를 취하며 앞에 위치한 명사, 즉 선행사를 마치 형용사처럼 수식해 주는 역할을 합니다. 이 때, 앞의 명사가 사물이면서 주격인 경우 관계사로 which나 that이 와야 하지요. 정답은 (b)입니다.

(a) : 비밀 정부 조직에서 근무하는 친구가 있어.   빈칸을 포함한 뒤의 문장은 명사 a friend를 수식해주는 형용사 역할의 관계절입니다. 선행사가 사람이고, 관계절의 동사(works)의 주어 역할을 하므로 빈칸은 주격 관계대명사인 who 혹은 that이 와야 합니다.

(a) : 넌 너에게 딱 맞는 대학을 선택해야 해.   무언가가 fit like a glove라는 것은 그것이 마치 장갑처럼 딱 맞는, 즉 '가장 적합한 것'이라는 뜻이 됩니다.

(a) : 이기기를 희망하지 않는 자는 이미 패배한 것이다.   에콰도르의 한 정치인이 한 말입니다. 이 세상에 간절히 바라면 이루어지지 않는 것은 없다고 하죠. 그러나 만약 이기겠다는 희망조차 갖지(hope to win) 않는다면 어떻게 승리를 할 수 있을까요? 이미 진 것과 다름없다고 봐도 무방하겠죠.

LEVEL 03
QUIZ 06

13. Please give me the document _____ I requested.
- (a) that
- (b) who

14. Do you know the man _____ name is Karl?
- (a) whose
- (b) who

15. While there's life, there's _____.
- (a) despair
- (b) hope

16. When you play, play hard; when you work, don't _____ at all.
- (a) play
- (b) study

ANSWER 13-16

(a) : 제가 요청드린 문서를 주십시오.   빈칸을 포함한 뒤의 문장은 명사 the document를 수식해주는 형용사 역할의 관계절입니다. 선행사가 사물이고, 관계절의 동사(requested)의 목적어 역할을 하므로 빈칸에는 목적격 관계대명사인 which나 that이 와야 하지요.

(a) : 넌 칼이란 이름의 남자를 알고 있니?   빈칸 앞의 선행사가 사람이고, 빈칸 뒤에 위치한 명사 name은 곧 선행사인 '남자의 이름'을 뜻합니다. 이처럼 선행사와 빈칸 뒤의 명사의 관계가 '~의'로 해석이 가능할 때 빈칸에는 소유격 관계대명사인 whose가 와야 하지요.

(b) : 삶이 있는 한 희망도 있다.   사람이 살아있는 한, 희망(hope)은 남아있다는 뜻의 명언입니다. 아무리 가족 중 누군가가 불치병에 걸려도 그를 치료하기 위해 최선을 다하는 가족들의 마음과 같다고 할 수 있겠죠.

(a) : 놀 때는 열심히 놀고, 일할 때는 절대 놀지 말라.   일할 때는 빈둥거리고, 막상 놀아야 할 때는 일 걱정 때문에 제대로 놀지 못하는 사람들이 주위에 많습니다. 이런 사람들에게 해줄 수 있는 명언이죠.

Speak! Speak!

배운 문장들을 대화문으로 다시 한 번 말해봐요

아래의 한글로 된 문장들이 영문으로 기억나세요? 앞에서 다 배웠던 문장입니다.
빈 칸에 영문을 직접 적어보고 대화문을 연습해 보세요.

1
A _____.
중요한 것은 우리가 널 사랑한다는 거야.

B **Well, I'm sorry, but that's not enough.**
음, 죄송하지만, 그걸로 충분하지 않아요.

2
A **I'd rather die like a man** _____.
난 겁쟁이로 사는 것보다 차라리 남자답게 죽겠다.

B **That's the spirit.**
바로 그 정신이야.

Humor

A : Please give me 5 dollars.
B : That's a lot of money. Why?
A : To buy lunch. I haven't eaten yet.
B : I haven't eaten lunch, either.
A : Then, give me 10 dollars and I'll buy your lunch for you.

A : 5달러만 줘.
B : 그거 큰돈이잖아. 왜?
A : 점심 사 먹으려고. 아직 먹질 못했어.
B : 나도 아직 못 먹었는데.
A : 그럼 10달러 줘. 내가 네 점심을 사다줄게.

3

A _____.
시카고 행 비행편의 탑승시간은 12시가 되겠습니다.

B Okay. Which gate should I go to?
알겠습니다. 어느 게이트로 가야 하나요?

4

A Lincoln said, "_____."
링컨 대통령은 '국민의 정부, 국민에 의한 정부, 국민을 위한 정부'라고 말했어.

B I wish we had a president like him.
우리도 그와 같은 대통령이 있었으면 좋겠다.

5

A _____?
왜 남자들은 음란한 잡지를 읽는 것을 좋아하죠?

B I don't know. Why do women love shopping?
몰라요. 그러면 왜 여자들은 쇼핑가는 걸 좋아하죠?

6

A _____.
비밀 정부 조직에서 근무하는 친구가 있어.

B Really?
정말?

7

A _____.
제가 요청 드린 문서를 주십시오.

B Okay. Here you are.
알겠어요. 여기 있습니다.

8

A _____?
너 칼이란 이름의 남자를 알고 있니?

B The name rings a bell.
이름을 들으니 생각나는 게 있네요.

9

A This situation is harder than I thought.
이 상황은 제가 생각했던 것 보다 더 어려워요.

B Don't give up. _____.
포기하지 마. 삶이 있는 한 희망도 있는 거야.

10

A What's your philosophy of life?
네 인생철학은 뭐니?

B It's "When you play, play hard; _____."
'놀 때는 열심히 놀고, 일할 때는 절대 놀지 말라'야.

ANSWER

1. The important thing is that we love you | 2. than live like a coward | 3. The boarding time for the flight to Chicago will be at 12:00 | 4. Government of the people, by the people, for the people | 5. Why do men love reading dirty magazines | 6. I have a friend who works for a secret government agency | 7. Please give me the document that I requested | 8. Do you know the man whose name is Karl | 9. While there's life, there's hope | 10. when you work, don't play at all

LEVEL 03
Quiz 07

LEVEL 03
QUIZ 07

1. I know the tall girl _____ we saw at the party.
- (a) ×(아무것도 들어가지 않음)
- (b) which

2. That is the guy _____ I think has the file.
- (a) who
- (b) whom

3. The greater the obstacle, the more glory in _____ it.
- (a) failing
- (b) overcoming

4. A _____ is a woman who is blonde and stupid.
- (a) bimbo
- (b) Rambo

ANSWER 1-4

(a) : 난 우리가 파티에서 봤던 키가 큰 여자애를 알고 있어.   빈칸 앞의 선행사 the tall girl은 관계절의 동사 saw의 목적어 역할을 하므로, 빈칸은 목적격 관계대명사 whom이 와야 합니다. 하지만, 목적격 관계대명사는 생략이 가능하므로 정답은 (a)가 되죠.

(a) : 내가 생각하기에 저 사람이 그 파일을 가지고 있는 남자야.   관계대명사 뒤에 '주어 + know/think/feel' 등이 삽입되는 경우, 이는 관계대명사의 선택에 있어서는 아무런 영향을 주지 못합니다. 선행사인 the guy는 관계절의 동사 has의 주어 역할을 하므로 주격 관계대명사인 who가 정답이 되는 거죠.

(b) : 고난이 클수록 극복할때의 기쁨도 더 크다.   축구에서 중국을 이겼을 때 보다 이탈리아를 이겼을 때의 기쁨이 더 큰 것은 더 강한 상대를 이겼을 때의 기쁨이 더 크기 때문이죠. 아무리 힘들고 어려운 일이 닥쳐도 좌절하지 말고 그것을 극복했을 때의 기쁨을 상상하며 이겨냅시다!!!

(a) : 'bimbo'는 금발이며 멍청한 여자다.   《금발이 너무해(Legally Blonde)》란 영화에서도 나오지만, 보통 서양에서는 '금발의 미녀는 머리가 나쁘다'란 고정관념이 있습니다. 금발이고 섹시한 외모와 몸매를 가졌지만 지적능력은 떨어지는 여자를 가리켜 영어로 bimbo라고 하지요. 뭐, 편견은 편견일 뿐이니까요.

LESSON 03
QUIZ 07

I didn't tell him the truth, _____ made him really angry.

☐ (a) that
☐ (b) which

December is the time _____ people start to go skiing.

☐ (a) when   ☐ (b) where

What can help her boost her immune _____?

☐ (a) system
☐ (b) organism

Well done is better than well _____.

☐ (a) said
☐ (b) looked

ANSWER 5-8

(b) : 사실을 말하지 않은 것이 그를 굉장히 화나게 했어요.   빈칸 앞에 콤마가 있는 관계대명사의 계속적 용법의 경우, 관계절은 앞의 문장 전체를 선행사로 받아서 부가 설명을 해줄 수 있습니다. 이 경우 선행사에 관계없이 that이 관계사로 올 수 없습니다.

(a) : 12월은 사람들이 스키 타러가기 시작하는 시기에요.   빈칸 앞의 선행사가 시간을 나타내는 time, day, week, year 등일 경우 그 뒤에 위치하는 관계부사는 when이 되어야 합니다.

(a) : 그녀의 면역체계를 향상시키도록 어떤 도움을 줄 수 있을까요?   빈칸 앞의 형용사 immune(면역의)와 함께 쓰이며 문맥상 적절한 것은 system(체계)입니다. immune system은 '면역체계'를 뜻하지요.

(a) : 훌륭한 행동이 훌륭한 말 보다 낫다.   미국 건국의 아버지 중 한 명인 벤저민 플랭클린 남긴 명언입니다. 백 마디 번지르르하게 내뱉는 말보다, 하나라도 제대로 된 행동으로 보여주는 것이 더 중요하지요. 속담 Actions speak louder than words.와 일맥상통하는 말이죠.

LESSON 03
QUIZ 07

9. That is the gym _____ we play basketball.
- (a) where
- (b) what

10. The future depends on what we do in the _____.
- (a) gift
- (b) present

11. Every man dies, but not every man _____.
- (a) survives
- (b) lives

12. I must say that she's got great business _____.
- (a) sensation
- (b) sense

ANSWER 9-12

(a) : 저곳이 우리들이 농구를 하는 체육관이야. 빈칸 앞은 gym(체육관)으로 장소를 나타냅니다. 즉, 빈칸은 장소의 선행사를 수식하며 형용사절을 이끄는 where가 와야 하지요. the gym where we play basketball은 '우리들이 농구를 하는 체육관'이란 뜻이 됩니다.

(b) : 미래는 현재 우리가 무엇을 하느냐에 달린거다. 간디가 한 명언입니다. 우리의 미래는 바로 이 순간 우리가 어떻게 살아가고 있느냐에 달려 있는 거죠.

(b) : 모든 사람은 죽는다. 하지만 모든 사람들이 사는 것은 아니다. 영화 〈Brave Heart〉에서 멜 깁슨이 열연했던 스코틀랜드의 실존인물 윌리엄 월레스가 남긴 명언입니다. 아무런 가치 없는 일을 하고, 남에게 피해만 주는 사람들을 과연 산다(live)고 말할 수 있을까요? 죽음은 피할 수 없지만, 진정한 삶을 사느냐 그렇지 않느냐는 각자에 달린 일입니다.

(b) : 그녀는 사업 감각이 있다고 말씀드려야겠군요. 빈칸 앞의 명사 business와 함께 쓰이며 문맥상 어울리는 것은 sense(감각, 판단력)입니다. business sense는 우리가 흔히 말하는 '사업 감각'이란 뜻이죠. 반면, sensation은 사람의 신체로 느낄 수 있는 감각만을 의미하므로 본 문장에서는 어울리지 않습니다.

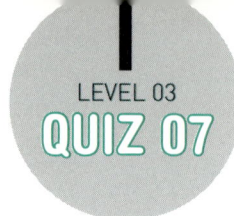

LEVEL 03
QUIZ 07

13. I can't remember the year _____ I broke up with Jane.
- ☐ (a) when
- ☐ (b) where

14. He makes no friend who never made a _____.
- ☐ (a) foe
- ☐ (b) buddy

15. A friend in power is a friend _____.
- ☐ (a) lost
- ☐ (b) found

16. Courage is very important. Like a _____, it is strengthened by use.
- ☐ (a) tongue
- ☐ (b) muscle

ANSWER 13-16

(a) : 난 내가 제인과 헤어졌던 해가 언제인지 기억나지 않아.   빈칸 앞은 the year(그 해)로 시간을 나타냅니다. 즉, 빈칸은 시간의 선행사를 수식하며 형용사절을 이끄는 when이 와야 하지요. the year when I broke up with Jane은 '내가 제인과 헤어졌던 해'란 뜻이 됩니다.

(a) : 원수를 만들어보지 않은 사람은 친구도 사귀지 않는다.   영국의 시인인 테니슨 경이 남긴 명언입니다. 굳이 원수를 만들어야만 친구를 사귈 수 있다고 극단적으로 해석하기 보다는 이 사람, 저 사람 다양한 인간관계를 거쳐야만 진정한 친구를 사귈 수 있다는 뜻으로 해석해 주시면 됩니다.

(a) : 힘이 있을 때 사귄 친구는 곧 잃게 된다.   보통 사람이 성공하게 되면 주위에 친한 척 달라붙는 친구들이 있습니다. 하지만 이런 친구들은 내가 다시 실패하게 되면 다들 사라져 버릴 친구들이죠. 미국의 역사가인 Henry Adams가 한 말입니다.

(b) : 용기는 굉장히 중요하다. 근육과 같이 사용할수록 더 강해진다.   용기(courage)란 것은 절대 저절로 생기는 것이 아닙니다. 근육도 계속 사용할수록 더 강해지듯, 용기 있는 행동을 할수록 용기도 더욱 더 강해지는 것이죠.

배운 문장들을 대화문으로 다시 한 번 말해봐요

아래의 한글로 된 문장들이 영문으로 기억나세요? 앞에서 다 배웠던 문장입니다.
빈 칸에 영문을 직접 적어보고 대화문을 연습해 보세요.

1
A _____.
난 우리가 파티에서 봤던 키가 큰 여자 얘를 알고 있어.

B Really? What's her name?
정말? 그녀의 이름이 뭐니?

2
A _____.
내가 생각하기에 저 사람이 그 파일을 가지고 있는 남자야.

B Are you sure? Then, let's go find out.
확실하니? 그럼, 가서 알아보자.

Humor

A math teacher gave the students a quiz.
A : You have 10 one-dollar coins in your pocket. You lose 6. What do you have in your pocket?
B : A hole.

수학 선생님이 아이들에게 문제를 냈다.
A : 여러분의 주머니에 1달러 짜리 동전이 10개 있어요. 그 중 6개를 잃어버렸죠. 여러분의 주머니에는 뭐가 있죠?
B : 구멍이요.

3

A _____ .
고난이 클수록, 그것을 극복하는 기쁨도 더 큰 거야.

B You're right. I'm not giving up.
네 말이 맞아. 난 포기하지 않을 거야.

4

A What is a *bimbo*?
'Bimbo'가 뭐야?

B _____ .
'Bimbo'는 금발이며 멍청한 여자야.

5

A _____ .
12월은 사람들이 스키 타러가기 시작하는 시기에요.

B Speaking of which, why don't we go skiing next week?
말이 나왔으니 말인데, 우리 다음 주에 스키 타러 가는 게 어때요?

6

A _____ .
훌륭한 행동이 훌륭한 말보다 나아.

B If you know that, how come you're all talk, and no action?
네가 그걸 안다면, 넌 왜 말만 하고 행동은 하지 않는 거니?

7

A Where do you guys usually play basketball?
너희들은 보통 어디에서 농구를 하니?

B _____.
저 곳이 우리들이 농구를 하는 체육관이야.

8

A You must study hard. _____.
넌 열심히 공부해야 해. 미래는 현재 우리가 무엇을 하느냐에 달린 거야.

B I got it. I got it.
알았어요, 알았어.

9

A _____.
난 내가 제인과 헤어졌던 해가 언제인지 기억이 나질 않아.

B I think you broke up with her in 2006.
넌 그녀랑 2006년에 헤어졌던 것 같아.

10

A I will have lots of friends if I become rich.
내가 부자가 된다면 난 많은 친구들을 얻게 될 거야.

B You know what? _____.
그거 알아? 힘이 있을 때 사귄 친구는 곧 잃게 되는 거라고.

ANSWER

1. I know the tall girl we saw at the party | 2. That is the guy who I think has the file | 3. The greater the obstacle, the more glory in overcoming it | 4. A bimbo is a woman who is blonde and stupid | 5. December is the time when people start to go skiing | 6. Well done is better than well said | 7. That is the gym where we play basketball | 8. The future depends on what we do in the present | 9. I can't remember the year when I broke up with Jane | 10. A friend in power is a friend lost

LEVEL 03
Quiz 08

LEVEL 03
QUIZ 08

1. He explained the reason _____ Carol suddenly disappeared.
- [ ] (a) why
- [ ] (b) when

2. I took a nap _____ I was waiting for the plane to land.
- [ ] (a) while
- [ ] (b) during

3. To know is nothing at all; to _____ is everything.
- [ ] (a) remember
- [ ] (b) imagine

4. I agree that violence should be a last _____.
- [ ] (a) facility
- [ ] (b) resort

ANSWER 1-4

(a): 그는 캐롤이 갑자기 사라진 이유를 설명했어. 빈칸 앞에 the reason으로 이유를 나타냅니다. 즉, 빈칸은 이유의 선행사를 수식하며 뒤의 형용사절을 이끌어 주는 why가 와야 하지요. the reason why Carol suddenly disappeared는 '캐롤이 갑자기 사라진 이유'란 뜻이 됩니다.

(a): 비행기가 착륙하기를 기다리는 동안 난 낮잠을 잤어. '부사절 접속사 + 주어 + 동사 ~'의 어순일 때 부사절 접속사는 문장 내에서 시간, 조건 등을 나타내는 부사의 역할을 합니다. while은 시간을 나타내는 부사절 접속사 중 하나로 '~하는 동안'이란 뜻이지요. during은 전치사이기 때문에 뒤에 '주어 + 동사'로 이루어진 절이 올 수 없습니다.

(b): 안다는 것은 전혀 중요하지 않다. 상상하는 것이 가장 중요하다. 단지 많은 지식을 안다고 해서 그 사람이 반드시 지혜로운 사람은 아닐 겁니다. 단순히 주어서 들은 지식들 보다는 새로운 것을 상상할 줄 아는 창의성이 진정한 지혜가 아닐까요?

(b): 전 폭격은 최후의 수단이 되어야 한다는 것에 동의합니다. resort는 '휴양지'란 뜻 이외에, '수단, 방책'이란 뜻도 가지고 있습니다. 즉, last resort는 '최후의 수단'이란 뜻이 되는 거죠.

LESSON 03
QUIZ 08

5. It will take another week before he _____ back.

☐ (a) coming ☐ (b) comes

6. _____ you keep your promise, I'll keep mine.

☐ (a) If ☐ (b) Though

7. As long as you're going to think anyway, think _____.

☐ (a) small
☐ (b) big

8. When life gives you lemons, make _____.

☐ (a) lemonade
☐ (b) coffee

ANSWER 5-8

(b) : 그가 돌아오기 까지 일주일은 더 걸릴 겁니다.   before는 '~하기 전에'란 뜻으로 시간의 부사절 이끄는 부사절 접속사 중 하나입니다. 그러므로 before 뒤의 문장은 '주어 + 동사~'의 어순으로 이어져야 하기에 준동사 coming은 정답이 될 수 없습니다.

(a) : 만약 네가 약속을 지킨다면, 나도 약속을 지킬게.   문맥상 빈칸은 '만약 ~ 라면'을 뜻의 조건을 나타내는 부사절 접속사 if가 적절합니다. 양보를 나타내는 부사절 접속사인 though(비록 ~ 이지만)는 문맥상 어울리지 않습니다.

(b) : 어차피 어떤 식으로든 생각할 거 크게 생각해라.   미국의 부동산 재벌인 도널드 트럼프가 한 명언입니다. 1000만원 모으려고 생각하는 것 보다는 1억 모으려고 하는 게, 1억 보다는 10억 모으려고 생각하는 게 힘은 들겠지만, 훨씬 더 값진 경험이 되겠죠.

(a) : 운명이 레몬을 건넨다면, 레모네이드를 만들려고 노력해라.   영어에서는 lemon은 '불량품'이란 뜻도 가지고 있습니다. 사실 레몬이란 게 시기만 하지 맛있는 과일이 아니니까요. 이처럼 비록 운명이 내가 힘든 역경과 고난을 주더라도, 그것을 사용해 달콤한 레모네이드를 만들도록 노력해야 하는 게 진정한 삶이겠죠?

LESSON 03
QUIZ 08

9. _____ I was watching TV, somebody knocked on the door.
- (a) When
- (b) During

10. The rules of success won't work _____ you do.
- (a) unless
- (b) if

11. Love builds _____ where there are none.
- (a) buildings
- (b) bridges

12. I bought a _____ when I got a driver's license.
- (a) Beemer
- (b) baby carriage

ANSWER 9-12

(a) : 내가 TV를 보고 있을 때, 누군가 문을 두드렸어.   빈칸은 시간의 부사절을 이끄는 when(~하는 중에/~일 때)이 들어가야 합니다. 즉, When I was watching TV는 '내가 텔레비전을 보고 있던 중에'란 뜻이 되는 거죠. During(~동안)은 뒤에 기간을 나타내는 명사가 와야 합니다.

(a) : 성공의 법칙은 당신이 행동을 하지 않는다면 효과가 없습니다.   아무리 좋은 책을 읽어도 그 책의 내용대로 실천을 하지 않는다면 그것이 무슨 효과가 있을까요? 성공의 법칙 또한 단순히 알고 있는 것을 넘어서 실천을 하지 않는다면, 아무런 소용이 없는 거겠죠.

(b) : 사랑은 아무것도 없던 곳에 다리를 이어줘다.   견우와 직녀를 만나게 해주기 위해서 까막까치들이 다리(bridges)를 이어 주었던 것처럼, 사랑은 불가능도 가능으로 만드는 힘이 있습니다. 사랑이 건물(buildings)을 세운다는 건 조금 뜬금없죠.

(a) : 내가 운전면허 땄을 때 BMW를 샀어.   Beemer는 유명한 독일 자동차 브랜드인 BMW의 애칭입니다. 반면 보기 (b)의 baby carriage는 '유모차'이지요. 운전면허를 땄다고 유모차를 사진 않겠죠?

LEVEL 03
QUIZ 08

13 Before I _____ for work, I drank a cup of milk.

- ☐ (a) leaving
- ☐ (b) left

14 The secret to business is to know something that _____ knows.

- ☐ (a) nobody else
- ☐ (b) everybody

ANSWER 13-14

(b) : 출근하기 전에, 난 우유 한 잔을 마셨다.   Before는 '~하기 전에'란 뜻으로 'before + 주어 + 동사~'의 형태로 부사절을 이끌어 줍니다. 즉, 부사절의 주어 I 뒤에는 동사 left가 와야 하는 거지요. Before I left for work는 '내가 출근하기 전에'란 뜻이 됩니다.

(a) : 사업의 비결은 다른 이들은 모르는 무언가를 알고 있는 것이다.   유명한 신당동 떡볶이집 할머니의 명언 '아무도 몰라~며느리도 몰라~'를 생각나게 하는 말이죠? 사업의 비결은 다른 사람들은 아무도 모르는 비법을 자신만 알고 있어야 한다죠.

배운 문장들을 대화문으로 다시 한 번 말해봐요

아래의 한글로 된 문장들이 영문으로 기억나세요? 앞에서 다 배웠던 문장입니다. 빈 칸에 영문을 직접 적어보고 대화문을 연습해 보세요.

1
A _____.
그는 캐롤이 갑자기 사라진 이유를 설명했어.

B Did he also tell you where she is now?
그가 지금 그녀가 어디에 있는지도 네게 말해줬니?

2
A Aren't you tired?
너 피곤하지 않니?

B No, I'm fine. _____.
아니, 괜찮아. 비행기가 착륙하기를 기다리는 동안 난 낮잠을 잤어.

Humor

A : I love you so much. I would risk crossing fire or water for you.
B : I know, but you're a fireman.

A : 난 당신을 너무 사랑해. 당신을 위해서라면 불과 물을 건너는 위험도 감수할 수 있어.
B : 알아요. 하지만 당신은 소방관이잖아요.

3

A _____.
전 폭력은 최후의 수단이 되어야 한다는 것에 동의합니다.

B I agree, too. Violence only makes matters worse.
저도 동의합니다. 폭력은 문제를 더 악화시킬 뿐입니다.

4

A When will he come back from New York?
그가 뉴욕에서 언제 돌아올까요?

B _____.
그가 돌아오기까지 일주일은 더 걸릴 겁니다.

5

A _____.
만약 네가 약속을 지킨다면, 나도 약속을 지킬게.

B I'll keep my promise. You have my word.
약속을 지킬게, 맹세해.

6

A _____.
운명이 레몬을 건넨다면, 레모네이드를 만들려고 노력해.

B I'll try.
노력해 볼게요.

7

A Do you think long-distance relationships work?
넌 장거리 연애가 통한다고 생각해?

B Yeah, why not? _____.
응, 안 될게 뭐 있어? 사랑은 아무것도 없던 곳에 다리를 이어주는 거야.

8

A _____.
내가 운전면허를 땄을 때, BMW를 샀어.

B For real? Can I go for a spin later?
정말로? 내가 나중에 한 번 타 봐도 돼?

ANSWER

1. He explained the reason why Carol suddenly disappeared | 2. I took a nap while I was waiting for the plane to land | 3. I agree that violence should be a last resort | 4. It will take another week before he comes back | 5. If you keep your promise, I'll keep mine | 6. When life gives you lemons, make lemonade | 7. Love builds bridges where there are none | 8. I bought a Beemer when I got my driver's license

LEVEL 03
Quiz 09

LEVEL 03
QUIZ 09

1. _____ I was tired, I went to bed early last night.
- ☐ (a) Although
- ☐ (b) Because

2. _____ I was sick, I stayed up all night to finish this.
- ☐ (a) Because
- ☐ (b) Although

3. Better the last _____ than the first laughter.
- ☐ (a) smile
- ☐ (b) sneer

4. We have _____ evidence that he is a con artist.
- ☐ (a) solid
- ☐ (b) solar

ANSWER 1-4

(b) : 난 피곤했기 때문에, 어제 밤 일찍 잠자리에 들었어. because와 although는 둘 다 부사절을 이끄는 접속사입니다. because는 '~이기 때문에', although는 '비록 ~지만'이란 뜻으로, 본 문장에서는 문맥상 '피곤했기 때문에, 일찍 잤다'고 하는 것이 적절하죠. 정답은 (b)입니다.

(b) : 비록 난 아팠지만, 이것을 끝내기 위해서 밤을 새웠어. 앞의 부사절과 뒤의 주절의 문맥상 관계를 파악해야 합니다. 앞의 부사절은 'I was sick' 즉, 아팠다는 겁니다. 주절은 '이것을 끝내기 위해 밤을 새웠다'는 거고요. 문맥상 당연히 '비록 아팠지만'으로 연결되는 것이 자연스럽습니다. 정답은 (b)입니다.

(a) : 처음의 큰 웃음보다 마지막의 미소가 더 좋다. 아무리 초반에 잘 나가도 막판에 잘 풀리지 않는다면 말짱 도루묵이죠. 비록 처음은 좋지 않더라도 마지막에 미소를 지으며 웃는 자가 진정한 승자일 겁니다.

(a) : 저희에겐 그가 사기꾼이라는 명백한 증거가 있습니다. 빈칸 뒤의 명사 evidence(증거)와 함께 쓰이는 형용사는 solid(견고한)입니다. solid evidence는 '명백한 증거'란 뜻이죠.

LESSON 03
QUIZ 09

Let's clean the room _____ you are too tired.
- (a) unless
- (b) because

It's a _____ when a guy is skinnier than me.
- (a) turn-off
- (b) bake-off

Experience is simply the name we give our _____.
- (a) mistakes
- (b) successes

A _____ can open a heart quicker than a key can open a door.
- (a) cry
- (b) smile

ANSWER 5-8

(a) : 네가 너무 피곤하지 않다면, 방 청소를 하자.　unless는 'if ~not(만약 ~가 아니라면)'과 같은 뜻으로, unless 이하의 절은 부정문의 형태가 아니지만, 부정의 의미로 해석되어야 합니다. 문맥상, '네가 너무 피곤하지 않다면, 청소를 하자'고 하는 것이 적절하므로 정답은 (a)가 되어야 하죠.

(a) : 남자가 나보다 말랐을 땐 정말 깨.　turn-off는 무언가 '사람에게 혐오감을 주거나 들떴던 기분을 확 가라앉히는 역할을 하는 무언가를 지칭할 때 사용하는 표현입니다. 불을 '끄다'는 의미를 가진 구동사 turn off를 생각하시면 쉽게 이해가 되실 거예요.

(a) : 경험이란 단순히 우리가 부르는 실수의 또 다른 이름이다.　세상의 그 어떤 실패도 헛된 것은 없습니다. 아무리 큰 실수, 실패라도 그것이 훗날 성공을 위한 발판이 되기 때문이죠. 즉, 경험(experience)이란 실수(mistakes)의 또 다른 이름이라고 할 수 있는 거죠.

(b) : 미소는 문을 여는 열쇠보다 더 빨리 사랑의 마음을 엽니다.　'웃는 얼굴에 침 뱉으랴'는 말이 있죠. 환한 웃음보다 더 우리의 마음을 여는 게 있을까요? 열쇠로 문을 여는 것보다도 더 빨리 사람의 마음을 열 수 있는 것은 바로 smile(웃음)입니다.

LESSON 03
QUIZ 09

9. We're going to be late _____ we take a shortcut.
- (a) if
- (b) unless

10. In giving advice, seek to help and not to _____ your friend.
- (a) disappoint
- (b) please

11. _____ like a man of action, act like a man of thought.
- (a) Think
- (b) Sleep

12. It's hard to beat a person who never _____.
- (a) gives up
- (b) buckles up

ANSWER 9-12

(b) : 지름길로 가지 않는 한 우리는 늦게 될거야. 문맥상 '지름길로 가지 않는다면 늦게 될거야'라고 말하는 것이 적절합니다. 즉, 빈칸은 'if ~ not'의 의미를 가진 unless가 들어가야 하지요.

(b) : 친구에게 충고할 때는 즐겁게 하지 말고, 도움이 되도록 하라. 상대방을 즐겁게 하기 위해서 하는 충고가 좋은 충고는 아닐 겁니다. 상대방이 기분이 나쁘더라도 도움이 되는 충고가 진정한 충고일 겁니다.

(a) : 행동가처럼 생각하고, 사고하는 사람처럼 행동하라. man of action은 '행동하는 사람', man of thought는 '사고하는 사람'을 뜻합니다. 즉, 지나치게 생각만 하는 사람이 되지도 말고, 그렇다고 행동만 앞서는 사람도 되지 말라는 뜻의 명언이지요.

(a) : 절대로 포기하지 않는 사람을 이기는 것은 어렵다. 미국의 전설적인 강타자 베이브 루스가 남긴 명언입니다. 그의 어린 시절은 불우했지만, 그는 절대 포기하지 않아 미국 최고의 홈런타자로 전설처럼 남아있지요. 결국 세상에서 가장 이기기 힘든 사람은 바로 절대로 포기하지 않는 사람인 겁니다. 참고로 buckle up은 '벨트를 매다'란 뜻이죠.

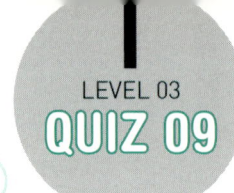

LEVEL 03
QUIZ 09

13. Across the street _____.
- [ ] (a) one of my friends lives
- [ ] (b) lives one of my friends

14. There _____.
- [ ] (a) goes my friend with his wife
- [ ] (b) my friend with his wife goes

ANSWER 13-14

(b) : 길 건너편에 제 친구가 살아요. 장소나 방향을 나타내는 부사(구)가 문장의 맨 앞에 위치하여 강조될 때, '주어 + 동사'의 어순이 도치가 되어 '동사 + 주어'의 어순으로 바뀌어야 합니다. Across the street는 '길 건너편에'란 뜻의 장소를 나태는 부사이기 때문에 그 뒤는 '동사 + 주어'의 어순이 되어야 하지요.

(a) : 저기 제 친구가 아내와 함께 가네요. there는 방향을 나타내는 부사입니다. 본 문장에서처럼 there가 강조되어 문장의 맨 앞에 위치하게 되는 경우, 그 뒤는 '동사 + 주어'의 어순으로 도치가 되어야 하지요. 단, 주어가 대명사일 때는 도치가 일어나지 않는답니다. cf) There he goes!(저기 그가 가네요!)

252

배운 문장들을 대화문으로 다시 한 번 말해봐요!

아래의 한글로 된 문장들이 영문으로 기억나세요? 앞에서 다 배웠던 문장입니다.
빈 칸에 영문을 직접 적어보고 대화문을 연습해 보세요.

1
A _____.
난 피곤했기 때문에, 어제 밤 일찍 잠자리에 들었어.

B So what time did you get up this morning?
그럼 오늘 아침 몇 시에 일어났니?

2
A _____.
비록 난 아팠지만, 이것을 끝내기 위해서 밤을 샜어.

B You haven't slept a wink?
한 숨도 안 잔건가요?

Humor

A cannibal had been studying at Stanford University for four years. One day a student asked him.
"When you go back to the jungle, will you eat human flesh again?"
"Of course, but one thing will be different. I'll always use a knife and fork."

식인종이 스탠포드 대학에서 4년간 공부를 해왔다. 어느 날, 한 학생이 그에게 물었다.
"정글로 돌아가면, 너 다시 사람 고기를 먹을거니?"
"물론이지. 하지만 한 가지는 다를 거야. 난 항상 칼과 포크를 사용할 거야."

3

A We're down by one.
우리가 한 점 뒤지고 있어.

B Don't worry. _____.
걱정하지 마. 처음의 큰 웃음보다 마지막 미소가 더 좋은 거야.

4

A _____.
저희에겐 그가 사기꾼이라는 명백한 증거가 있습니다.

B What evidence did you find?
무슨 증거를 찾으셨나요?

5

A _____.
남자가 나보다 말랐을 때 정말 깨.

B But almost every man is skinnier than you.
하지만, 거의 모든 남자들이 너보다 더 말랐잖아.

6

A I failed again. I feel awful.
나 또 실패했어요. 정말 창피하네요.

B Don't feel bad. _____.
창피해 하지 말거라. 경험이란 단순히 우리가 부르는 실수의 또 다른 이름이잖니.

7

A What do I do with rude customers?
무례한 손님들을 어떻게 해야 하나요?

B Just keep smiling at them. _____.
그냥 계속 웃으세요. 미소는 문을 여는 열쇠보다 더 빨리 사람의 마음을 엽니다.

8

A _____.
지름길로 가지 않는 한 우리는 늦게 될거야.

B But I don't know how to get there any quicker.
하지만 난 지름길이 어디 있는지 몰라.

9

A We can't beat him. He never gives up.
우리는 그를 이길 수 없어. 그는 포기를 모른다고.

B Yeah, _____.
그래. 절대로 포기하지 않는 사람을 이기는 것은 어려워.

10

A _____.
저기 제 친구가 아내와 함께 가네요.

B Let's go say hello to them.
가서 인사해요.

ANSWER

1. Because I was tired, I went to bed early last night | 2. Although I was sick, I stayed up all night to finish this | 3. Better the last smile than the first laughter | 4. We have solid evidence that he is a con artist | 5. It's a turn-off when a guy is skinnier than me | 6. Experience is simply the name we give our mistakes | 7. A smile can open a heart quicker than a key can open a door | 8. We're going to be late unless we take a shortcut | 9. It's hard to beat a person who never gives up | 10. There goes my friend with his wife

LEVEL 03
Quiz 10

LEVEL 03
QUIZ 10

1. My old _____ doesn't start anymore.
- ☐ (a) clunker
- ☐ (b) bunker

2. When she fell down and skinned her knee, I kissed her _____.
- ☐ (a) boo-boo
- ☐ (b) loo-loo

3. Never have I _____ this way before.
- ☐ (a) feel
- ☐ (b) felt

4. If he finds out, he'll _____ ballistic.
- ☐ (a) go
- ☐ (b) take

ANSWER 1-4

(a) : 내 오래된 차가 더 이상 시동이 안 걸려. 거의 부서져 가는 오래된 자동차를 가리키는 속어가 바로 clunker 입니다. 동사 starts는 차가 '시동 걸리다'란 뜻이 있기에, 문맥상 '내 오래된 차가 더 이상 시동이 걸리지 않는다'라고 하는 게 문맥상 적절합니다.

(a) : 그녀가 넘어져서 무릎이 까졌을 때, 내가 그녀의 상처에 키스해줬어. boo-boo는 슬랭으로 '가벼운 상처, 실수'를 뜻합니다.

(b) : 이런 감정은 전에는 느껴본 적이 전혀 없어요. 부정의 의미를 나타내는 부사인 never, neither, rarely, hardly 등을 강조하기 위해 문장의 맨 앞으로 보내는 것을 도치라고 합니다. 도치가 된 문장의 주어 앞에 have가 있으므로 이 문장은 원래 'I have never felt this way before'를 도치시킨 것이 되죠. 그러므로 felt가 정답입니다.

(a) : 그가 알게 되면, 그는 엄청 화를 낼거야. ballistic은 속어로 '격노한, 화가 엄청 난'이란 뜻이 있습니다. 동사 go와 함께 어울려 go ballistic은 '화를 엄청 내다, 격노하다'란 뜻이 되지요.

LESSON 03
QUIZ 10

5. Every man's life is a fairy tale written by God's _____
- ☐ (a) finger
- ☐ (b) toe

6. The _____ rate among males in Nigeria is only 10 percent.
- ☐ (a) literacy
- ☐ (b) admittance

7. Rarely does my brother _____ with his friends.
- ☐ (a) gets together
- ☐ (b) get together

8. Where there is no vision, the people will _____.
- ☐ (a) flourish
- ☐ (b) perish

ANSWER 5-8

(a): 모든 사람의 인생은 신에 의해 쓰여 진 한 편의 동화다. 덴마크의 유명한 동화작가인 안데르센이 남긴 명언입니다. 동화는 기쁨, 슬픔, 노여움 등의 감정들이 모두 실려 있습니다. 즉, 우리의 삶도 마치 신에 의해 써진 동화처럼 온갖 희로애락을 함께 하죠.

(a): 나이지리아에서 남성들의 비문맹률은 단지 10퍼센트일 뿐이다. 빈칸 뒤의 명사 rate(비율)과 함께 쓰이며, 문맥상 어울리는 것은 literacy(읽고 쓸 줄 앎)입니다. literacy rate은 글을 읽고 쓸 줄 아는 '비문맹률, 문해율'을 뜻합니다.

(b): 제 동생은 거의 친구들을 만나지 않아요. My brother rarely gets together with his friends.에서 rarely를 앞으로 도치시킨 문장입니다. 도치시킨 원래 문장의 서술어가 meets처럼 일반 동사의 현재시제인 경우, 주어가 3인칭이므로 주어 앞에 does를 붙이고, 동사는 원형으로 만들어 주면 되지요.

(b): 비전이 없는 곳에서 사람들은 무너집니다. 사람들에게 비전이 없다면 그 사람은 살아있다고 할 수 없죠. 이스라엘의 왕 솔로몬은 비전을 중요히 여겨, 비전이 없는 사람들은 무너지고 말거라는 말을 남겼습니다.

LESSON 03
QUIZ 10

9 It's suitable for everyone because it doesn't have any _____ effects.
- ☐ (a) side
- ☐ (b) back

10 Better to _____ than to break.
- ☐ (a) bow
- ☐ (b) fall

11 Act as if it were _____ to fail.
- ☐ (a) impossible
- ☐ (b) possible

12 Instilling _____ in your children is the beginning of education.
- ☐ (a) honesty
- ☐ (b) deception

ANSWER 9-12

(a) : 그건 어떠한 부작용도 없기 때문에 모든 이들에게 적합해요. side effect는 약품 등을 복용했을 시 나타날 수 있는 '부작용'을 뜻하는 용어입니다.

(a) : 부러지는 것 보다는 굽는 게 더 낫다. 아무리 자존심이 센 사람이라고 해도 가끔은 자기의 의견을 굽히는 것이 더 도움이 될 때가 있습니다. 강직한 것도 좋지만 때론 유연한 자세도 필요한 거겠죠?

(a) : 반드시 성공한다는 각오로 임하라. '모든 일은 마음먹기에 달렸다'와 일맥상통하는 또 하나의 명언입니다. 실패할 지도 모른다는 의심을 마음속에 품게 되면 이미 반은 지고 들어가는 것과 마찬가지지요. 절대 실패란 있을 수 없다는 마음으로 배수의 진을 치고 임할 때, 성공이라는 달콤한 열매를 맛볼 수 있을 겁니다.

(a) : 정직한 아이로 키우는 것이 바로 교육의 시작이다. 요즘 부모님들은 아이들의 인성교육 보다는 단지 더 좋은 대학로 가기 위한 피상적 지식들만을 채워주는 데 급급한 것 같습니다. 진정한 교육의 첫 걸음은 바로 정직(Honesty)이 되어야 하지 않을까요?

LEVEL 03
QUIZ 10

13. Please contact me if you have any _____ questions.

- ☐ (a) further
- ☐ (b) remote

14. Time is a great teacher, but _____ it kills all its pupils.

- ☐ (a) unfortunately
- ☐ (b) luckily

ANSWER 13-14

(a) : 더 물어볼 게 있으시면 제게 연락 주십시오. 문맥상 빈칸 뒤의 명사 question과 어울리는 형용사는 보기 중 further(그 이상의, 한 층 더한)입니다. further question은 '추가질문'이란 뜻이죠. 반면, remote는 '거리가 먼, 떨어진'이란 의미로 question과 함께 쓰이지 않습니다.

(a) : 시간은 위대한 스승이지만, 불행히도 자신의 제자들을 모두 죽인다. 프랑스의 작곡가 Hector Berlioz가 한 말입니다. 시간의 흐름 속에서 우리는 많은 것을 배우지만, 결국 세월이 많이 흐르면 우리 모두는 죽게 되죠. 시간이 모든 걸 해결해 준다고 믿는 사람들에게 충고할 때도 쓸 수 있는 명언입니다.

Speak! Speak!

배운 문장들을 대화문으로 다시 한 번 말해봐요!

아래의 한글로 된 문장들이 영문으로 기억나세요? 앞에서 다 배웠던 문장입니다.
빈 칸에 영문을 직접 적어보고 대화문을 연습해 보세요.

1
A : How much do you love her?
년 얼마나 그녀를 사랑하니?

B : Very much. _____ .
굉장히 많이요. 이런 감정을 전에는 전혀 느껴본 적이 없어요.

2
A : Why didn't you tell your husband that you lost all your money in the stock market?
왜 너 주식으로 돈을 다 잃었다고 남편에게 말 안했니?

B : If he finds out, _____ .
그가 알게 되면, 그는 엄청 화를 낼 거야.

Humor

Mom : What do you have to say when your grandfather gives you some money?
Son : I don't know.
Mom : Yes, you do. What do I say when your father gives me money?
Son : Is that all?

엄마 : 할아버지께서 네게 돈을 주시면 넌 뭐라고 말해야 하지?
아들 : 몰라요.
엄마 : 알고 있잖아. 아빠가 내게 돈을 주면 내가 뭐라고 말하지?
아들 : 이게 다야?

3
A _____.
모든 사람의 인생은 신에 의해 쓰여진 한 편의 동화야.

B Yeah, it's full of ups and downs.
응, 그야말로 파란만장하지.

4
A _____.
제 동생은 거의 친구들을 만나지 않아요.

B Why doesn't he like hanging out with his friends?
왜 그는 친구들과 어울리는 걸 좋아하지 않는 거죠?

5
A _____.
비전이 없는 곳에서 사람들은 무너져요.

B Unfortunately, that's what's happening in many places all over the world.
불행하게도, 그게 전세계 곳곳에서 벌어지고 있는 일이죠.

6
A Is this medication okay for me to take?
이 약 제가 먹어도 괜찮을까요?

B It's suitable for everyone because _____.
그건 어떠한 부작용도 없기 때문에 모든 이들에게 적합해요.

7
A Sometimes it's _____.
때때로, 부러지는 것 보다는 굽는 게 더 나아요.

B That's what's called being flexible.
그게 바로 우리가 유연성이라고 부르는 거잖아요.

262

8
A Do you think I'll be able to do it?
제가 할 수 있을 거라고 생각하세요?

B Of course! _____!
물론이죠! 반드시 성공한다는 각오로 임하세요!

9
A _____.
더 물어볼 게 있으시면 제게 연락 주십시오.

B I will. Thank you for everything.
그럴게요. 감사드립니다.

10
A Only time will tell.
오직 시간만이 해결해 줄 거야.

B I don't know. _____.
난 모르겠어. 시간은 위대한 스승이지만, 불행히도 자신의 제자들을 모두 죽이잖아.

ANSWER

1. Never have I felt this way before | 2. he'll go ballistic | 3. Every man's life is a fairly tale written by God's finger | 4. Rarely does my brother get together with his friends | 5. Where there is no vision, the people will perish | 6. it doesn't have any side effects | 7. better to bow than to break | 8. Act as if it were impossible to fail | 9. Please contact me if you have any further questions | 10. Time is a great teacher, but unfortunately it kills all its pupils.